叩启现代教育之门

高中信息技术智慧课堂构建策略

谢婷婷 著

东北师范大学出版社

长春

图书在版编目（CIP）数据

叩启现代教育之门：高中信息技术智慧课堂构建策略 / 谢婷婷著. — 长春：东北师范大学出版社，2021.3

ISBN 978-7-5681-7522-7

Ⅰ.①叩… Ⅱ.①谢… Ⅲ.①信息技术—应用—课堂教学—教学研究—高中 Ⅳ.①G632.421-39

中国版本图书馆CIP数据核字（2021）第049320号

□责任编辑：王航行 　　　　　　□封面设计：言之凿
□责任校对：刘彦妮　张小娅　　□责任印制：许　冰

东北师范大学出版社出版发行
长春净月经济开发区金宝街 118 号（邮政编码：130117）
电话：0431-84568115
网址：http://www.nenup.com
北京言之凿文化发展有限公司设计部制版
北京政采印刷服务有限公司印装
北京市中关村科技园区通州园金桥科技产业基地环科中路 17 号（邮编：101102）
2022年4月第1版　　2022年4月第1次印刷
幅面尺寸：170mm×240mm　印张：11.5　字数：181千

定价：45.00元

前 言

FOREWORD

时代在进步，科技在发展，教育理论和观念在更新，新媒体技术在教学改革上的应用与发展是当前教育信息化的趋势所向，也是深化智慧课堂的全新教学模式，其有利于有效教学，促进学生的全面进步和发展。

首先，智慧课堂的本质实际上是帮助学生学习；其次，智慧课堂是利用技术现代化协助教师改变传统的教学策略，实现教育现代化，最大深度挖掘学生的智慧，培养学生对信息技术的使用能力。智慧课堂可以借助"互联网+"、网络学习平台、大数据等先进的信息技术将传统课堂进行革命性的改革，从而打造个性化、开放式的智能教学环境。智慧课堂能够改变学生长久以来作为被动听者的角色，力求以学生为主体，促进学生自主学习。高中信息技术根据本身学科的独特性，注重操作性和应用性，利用智慧课堂改变传统的教学方式，真正做到授人以渔，进而使学生能悟其渔识，提高教学的最大效应，让学生真正学会求知，真正实现互联网时代的创新教育，这是值得探讨的重要问题。

本书由三部分组成，第一、二章为第一部分，简述了高中信息技术课与智慧课堂构建的相关知识。第三章至第五章为第二部分，讲述了高中信息技术智慧课堂的语言智慧构建、互动智慧构建，以及教学智慧构建。其中教学智慧包括情境创设、情感传递、思维发散、美感体现四个方面。第六章为第三部分，讲述了优化高中信息技术智慧课堂的路径，包括个性化的教学方案、教学资源的合理使用、新型的师生关系以及在先进的信息技术的辅助下高中信息技术智慧课堂的设计与应用。

本书在编写过程中，参考借鉴了大量有关智慧课堂与高中信息技术教学方面的资料，在此向有关作者表示衷心的感谢。由于精力和水平有限，书中难免存在疏漏之处，恳请广大读者批评指正，不胜感激。

目 录

CONTENTS

第一章

绪 论

01

第一节　高中信息技术教育

一、信息

（一）信息的概念

我们每天都能听到、看到、接触到各种各样的信息，人际交往与沟通离不开信息；科技的进步、经济的繁荣、社会的发展也都离不开信息。可见"信息"一词对我们来说并不陌生，但是要问什么是信息，要给信息下一个定义，就不那么容易了。这是因为信息这个概念虽然常用，但其内容十分丰富，含义相当模糊，至今尚未形成一个统一的、公认的定义。

申农在他的《通信的数学理论》中指出："信息是二次不定性之差。不定性就是对事物认识不清楚，不知道。信息就是消除人们认识上的不确定性。"从通信的角度来看，信息就是通信的内容，通信的作用就是消除信息接收者的某种不确定性。"不确定性"是指人们如果对客观事物不了解，对其缺乏必要的认识，往往表现为对这些事物是"不清楚的"。这实际上就是人们认识上的不确定性。而当我们通过努力，利用各种方法、手段，了解了这些事物的有关情况，我们对它们的认识就从不清楚变得较清楚或者完全清楚，这种不确定性就减少了或者消除了。

信息是系统中各要素之间相互交换、相互作用的内容。各种关于信息的定义在各自学科的范围内是合理和实用的，但从广泛意义上讲，又显得不够完善和全面。信息的内涵非常广泛。

（二）信息的特征

人们对信息的定义虽然仁者见仁，智者见智，但是对信息基本特征的认识却趋于一致，这有利于我们认识信息的本质。信息有如下几个基本特征：客观性、知识性、指向性、共享性、无限性、时效性、传播性。

（三）信息的作用

随着时代的变迁，以及信息的获取、传递、处理和利用技术的进步，信息在经济、文化、科技、管理等方面的作用越来越大，影响到人类生活的方方面面，成为社会生活中必不可少的重要因素。信息在人类活动中的作用主要表现在以下方面：（1）信息是经济发展的重要因素。在市场经济条件下，经济的发展离不开对各类市场中的信息进行收集、加工、分析。信息的加工与利用已成为当今世界经济发展的重要因素。（2）信息是人类知识的源泉。信息是人类在认识世界、改造世界的过程中获得的新认识、新内容。这些新认识、新内容的积累和加工构成了人类的知识体系。随着认识的不断深入，新的信息不断涌现，人类的知识也就不断地更新和完善。（3）信息是推动科技进步的手段。当今世界竞争的焦点是科学技术的竞争，收集、引进、消化和吸收世界范围的科学技术信息是加快本国、本地区科技进步的重要手段。

二、中学信息技术课的教学任务

随着微电子技术、计算机技术和远程通信技术的迅猛发展，信息的传播与处理技术发生了根本的变化。目前，信息技术正在渗透到社会生活的方方面面，并且对社会的发展、人们的工作、学习与生活等产生了不可估量的影响。中学开设信息技术课是时代的需要，是培养高素质人才的需要，由此也决定了信息技术课的教学任务。

（一）中学信息技术课的教学任务与教学目标

《中小学信息技术课程指导纲要（试行）》对课程的教学任务和教学目标做出明确的规定。

1. 教学任务

课程的教学任务是指为了实现课程的教学目的所安排的教学内容。《中小学信息技术课程指导纲要（试行）》指出："中小学信息技术课程的主要任务是：培养学生对信息技术的兴趣和意识，让学生了解和掌握信息技术基本知识和技能，了解信息技术的发展及其应用对人类日常生活和科学技术的深刻影响。通过学习信息技术课程，学生具有获取信息、传输信息、处理信息和应用信息的能力，教育学生正确认识和理解与信息技术相关的文化、伦理和社会等问题，负责任地使用信息技术；培养学生良好的信息素养，把信息技术作为支持终身学习和合作学习的手段，为适应信息社会的学习、工作和生活打下必要的基础。"信息技术的内容十分丰富，信息技术的发展十分迅速，这为信息技术教学任务的完成带来困难。在安排教学任务时，着重解决以下三方面的内容：①教育学生树立科学的信息意识，了解信息技术的发展及其应用对人类日常生活和科学技术的深刻影响。正确认识与信息技术相关的伦理、文化和社会问题，负责任地使用信息技术。②以计算机和网络技术为主要内容，让学生学习和掌握信息技术的基本知识和技能。通过学习信息技术课，学生具有获取信息、传输信息、处理信息和应用信息的能力。③激发学生学习信息技术的兴趣，培养学生良好的信息素养，把信息技术作为支持终身学习和合作学习的手段，为适应信息社会的学习、工作和生活打下必要的基础。

2. 教学目标

课程的教学目标是指把教学目的具体化，对教学结果提出具体而明确的要求。信息技术课的教学目标要考虑学生的心智发展水平和不同年龄阶段的知识经验和情感需求。小学、初中和高中阶段的教学内容安排要有各自明确的目标，要体现各阶段的侧重点，要注意培养学生利用信息技术学习和探究其他课程的能力。努力创造条件，积极利用信息技术开展各类学科教学，注重培养学生的创新精神和实践能力。①使学生具有较强的信息意识，较深入地了解信息技术的发展变化及其对工作、社会的影响。②了解计算机基本工作原理及网络的基本知识。能够熟练地使用网上的信息资源，学会获取、传输、处理、应用信息的基本方法。③掌握运用信息技术学习其他课程的方法。④培养学生选择和使用信息技术工具进行自主学习、探究的能力，以及在实际生活中应用的能力。⑤了解程序设计的基本思想，培养逻辑思维能力。⑥通过与他人合作，熟练运用信息技术编辑、综合、制作和传播信息及创造性地制作多媒体作品。⑦能够判断电子信息资源的真实性、准确性和相关性。⑧树立正确的科学态度，自觉地按照法律和道德标准使用信息技术，进行与信息有关的活动。

（二）中学开设信息技术课的必要性、重要性、紧迫性

人类正在步入知识经济时代，为了迎接知识经济的挑战，世界各国正以空前的热忱关注信息技术的发展和重视信息技术教育的开展。许多国家都把推进信息技术教育与本国的人力资源开发、经济振兴联系在一起，采用政府引导、增拨经费等措施，改革现有的教育观念、教育内容、教育方法，提高全体受教育者的信息技术素养。特别是在中学开设信息技术课更加具有重要的现实意义。

1. 中学开设信息技术课是信息化社会发展的需要

目前，世界各国都在加快教育信息化的进程。无论是在教育信息基础设施和资源建设上，还是在普及程度上，我国与某些发达国家甚至某些发展中国家相比，还存在着一些差距。

我国作为一个发展中国家，为了实现21世纪的发展目标，提高我国的综合国力和经济实力，必须重视信息技术的发展和信息技术的教育。信息和物质能源一样，也是一种资源，信息技术则是开发、利用信息资源的金钥匙。为了使我国在国际竞争中立于不败之地，提高我国国民的信息素养和信息能力，教育部决定在中学开设信息技术必修课程，以适应信息化社会的需要。

2. 中学开设信息技术课是教育现代化的需要

信息技术既是21世纪人才应该具备的基本素养，又是适应教育改革需要的重要手段和工具。在未来的信息化时代，无论是社会和经济的运作方式，还是个人的生存、生活学习和工作方式都会发生一系列的变化，最根本的变化就是要求每个人都必须具备与社会发展相适应的信息能力。教育要面向现代化，面向世界，面向未来，推进教育信息化是全面推进素质教育的要求。我国原有的以计算机基础知识、基本操作和应用能力为主要内容的中小学计算机教育已经远远不能满足教育改革和发展的需要。中小学开设信息技术课不只是能够培养学生的信息素养和信息能力，还要能够促使学校运用信息技术改革传统教学模式，加速教育现代化的进程。

3. 中学开设信息技术课是信息技术发展的需要

互联网和多媒体技术已成为拓展人类能力的创造性工具。为了适应科学技术的高速发展及经济全球化的挑战，发达国家已经把注意力放在培养学生一系列新的能力上，特别是要求学生具备迅速地筛选和获取信息、准确地鉴别信息、创造性地加工和处理信息的能力，并把学生掌握和运用信息技术的能力作为与读、写、算一样重要的新的基本能力。在知识经济时代，信息素养已经成为科学素养的重要基础。多媒体技术、网络技术、数字通信技术日新月异，信息技术的飞速发展，加速了社会信息化的进程。信息技术作为人的基本文化素养，不学习、不了解掌握它就不能立足于社会。

三、中学信息技术课的特点及结构体系

中学信息技术课集知识性、技能性、综合性、应用性于一体，具有明显区别于其他课程的特点，特别是它的技能性，无论是对教学内容，还是对教学活动的安排，都应十分重视加强教学中的操作练习这一实践环节。

（一）中学信息技术课的特点

中学信息技术课的特点是由信息技术学科的特点和信息技术课的教学目标决定的。它有如下几个特点：第一，课程目标素质化。信息技术课的目标是培养学生的信息素养，它包括培养学生的信息意识、信息能力和信息伦理道德，让学生学会运用信息技术解决日常生活、学习和工作中的问题，了解信息技术的发展和应用，具有一定的信息技术知识和能力，自觉抵制和防范信息技术犯罪活动。第二，课程内容综合化。信息技术课具有很强的综合性。它涉及信息科学、计算机技术、网络通信技术等诸多领域，是一门涉及许多学科内容的综合学科。第三，学习方式多样化。信息技术为学习者提供了丰富的学习资源，使学习者可以采用个别化学习、小组协作学习和班级集体学习等多种学习形式进行学习。在网络环境下，学生的学习不受时间、空间的限制，不再局限于本校教师的讲授，可以选择聆听核外教师的课程。第四，内容呈现多媒体化。信息技术提供的多媒体环境，以及在多媒体环境下开发的课程软件图文并茂、动静结合，有利于调动学生的学习兴趣和积极性。

（二）中学信息技术课的教学内容及结构体系

信息技术课包括以下三个方面的教学内容：第一，信息技术的基本知识。信息技术的基本知识包括信息与信息技术的概念，信息的获取、处理、传输、存储和利用的知识等。通过信息技术的教学培养学生的信息意识，提高学生的

信息素质。第二，信息技术的基本技能。主要是运用计算机和网络通信系统进行文字、图像、声音和多媒体整合等信息处理和信息创造活动的技能，也包括掌握程序设计和数据库方面的技能。通过对信息技术基本技能的训练培养学生适应信息社会发展的能力，使学生具备在数字化社会中生存的条件。第三，信息技术知识与技能的应用。主要是增强学生的信息意识，使学生注意在日常生活、学习、工作中应用信息技术知识与技能。通过信息技术的应用让学生掌握信息文化，提高信息素质，树立良好的信息道德规范。

四、应用信息技术培养学生学科核心素养

时代的发展带动了信息技术的发展，近年来我国的信息技术的发展速度有目共睹。信息技术近年来得到充分发展的同时，也为其他行业的发展带来了便利。而信息技术的发展终究是为了改善人们生活、学习，为人们带来便利。信息技术运用得当可以改变传统的教学方式，加强学科教学的趣味性和互动性，增强教学效果，提升学生的核心素养。而核心素养是指学生在学习和今后工作生活中应有的品德和能力。怎样将信息技术的发展融入中小学的学科教学中来，在教学中运用信息技术，增强学生的核心素养，是当下我国各阶段、各学科教师面临的一个问题。随着信息化社会的来临，在现在的教育体系中，人们越来越多地用到了现代信息化技术进行教学和学习，也就是常说的信息化教育。信息化教育体现在方方面面，包括学生使用电脑、手机上网查资料，老师使用电脑制作PPT、播放教学视频等，都是信息化教育的体现。信息化教育是以网络技术为基础、以信息终端为媒介的一种新型教育手段和方式，信息技术给教育带来了更多的可能性，如网上授课、网上考试及阅卷等。当前已经有多种信息化教学方法应运而生，包括各种教学软件、资料网站等。

第一，利用信息技术的时效性丰富学科课本内容。我们现在使用的高中学科课本是统编教材，虽然教材也有很多优点，但随着时代的进步，教材因没有信息技术这样的时效性，也就缺乏了对时事的关联性。比如，我们还会在教材中看到十几年前的统计数据，十几年来很多因素都已经改变，因此这些数据过于陈旧，很难对教学有太大的帮助。所以为了弥补这一点，就可以利用信息技

术对课本知识进行补充。

第二，利用信息技术的技术性活跃课堂学科教学是一个提出问题、解决问题的过程，传统的学科教学也是如此，一般都采用教师举例，进行解析，再抽取学生进行解答的方法。这样的方法在现如今的学科教学中仍被广泛使用，优缺点都很明显，优点有及时互动、解决疑问等，但很容易引起学生的抵触情绪，因为学生不喜欢被老师点名的那种紧张和不安感。所以为了避免传统的抽取学生回答问题给学生带来的不适，教师可以利用信息技术，使用有趣的多媒体设计教案和案例。

第三，发挥学生在信息教学中的主体作用。学科教学是围绕学生展开的，应该意识到学生在教学中的主体作用。教师的教学应该围绕学生展开，在学科教育中更应该时时关注学生学到了什么。而为了切实加强对学生的学科教育，教师要从学生的层面思考问题，根据大部分学生的实际需求情况，开展信息技术教学，以营造出相对宽松自由的课堂环境。

学生在教师的一步步引导下，发挥自我的能动性，掌握知识，从而真正领悟具有核心素养的学科知识学习方法。在学科教育中采用信息化教学方式培养学生的学科核心素养，不仅是教学的需要，更是高中教育适应教育改革的重要一环。在学科教学中，教师要利用信息技术将书本知识更好地进行总结，利用信息技术的时效性和技术性，将课本不能呈现的相关知识呈现出来，正是教学形式和方法的变动才可以改变学科教育的现状，有效实现学生核心素养的培养，提升学生的综合素质，塑造他们的品德和能力。

第二节 高中信息技术教育思维能力的培养

思维是人们对客观事物间接的、抽象的反映。就中学信息技术教学来说，不论是信息技术概念的建立，或是信息技术手段的运用，还是信息技术基础理论的学习，都离不开思维的作用。

一、思维研究的基本原则

思维发展的研究应该遵循哪些基本原则呢？本节结合思维研究的特点，提出这样一些原则，即客观性和实践性原则、系统性和整体性原则、层次性原则、不平衡性原则以及理论联系实际原则。

（一）客观性和实践性原则

客观性原则是思维研究的根本原则，也就是说，必须依据学生的社会实践活动，依据他们的社会生活条件、教育条件及其变化，依据他们的高级神经活动及行为的发展变化、言语的发展变化来对思维进行研究，这样才能抛弃长期主宰思维研究的主观主义的内省法。实践性原则要求在思维研究中坚持实事求是的精神。在中学生思维研究中，坚持实事求是就是要求对每一个被试的行为表现和言语信息，对每一个数据事实和个案事实，都要如实做出具体的分析，从而获得合理而实际的结论。

（二）系统性和整体性原则

从系统观点来看，任何一项学生思维的具体研究，都是一个系统，它是由深入实际、调查研究、收集资料、确定课题、制订研究方案、做出具体实验设计、实验施测、统计处理、讨论解释等环节构成的一个系统。任何一项研究结果都是该系统的综合效应，因此要科学地研究思维，就必须按照系统的观点，切实地把握每一个具体研究过程中的每个环节。整体性原则是指，在研究思维时，不能仅仅看到局部问题，如只是对思维形式，像概念、判断、推理进行探讨，而看不到全局、整体，应从各方面入手，全面地考查学生思维的发展状况和各种表现，探讨各方面表现的内在联系，一致性和差异性。

（三）层次性原则

学生的思维是由低层次不断向高层次发展的，但这种发展绝不是以高一级层次逐步取代低层次的，而是低层次思维形态是高层次思维形态发展的基础，高层次思维形态的出现和发展又反过来带动、促进低层次思维形态不断地向高水平发展。从层次性原则看，学生思维还应有深层与表层结构之分，学生思维的深层结构，就是学生在思维过程中所遵循的思维法则，指示事物的本质和内在规律性之间的联系和关系，而思维的表层结构则只是运用这些潜在的规则解决各种实际问题的各种表现形式。深层结构与表层结构是密切联系着的，深层结构只有通过表层结构才能表现出来，因此研究思维必须从表层结构入手。

（四）不平衡性原则

对学生而言，其抽象思维水平在不断提高，学生具体形象思维和抽象逻辑思维成分的关系在不断发生变化，这是它发展的一般趋势。但是具体到不同学科、不同教材的时候，这个一般的发展趋势又常常会表现出很大的不平衡性。这种不平衡性，一方面是在不同的问题上表现出不同的思维能力；另一方面是在不同的活动上表现出不同的最佳思维水平，其产生的原因有以下三点：一是来自问题的情境，问题情境不同，问题的性质、数量、种类和难度就不一样，于是解决问题的水平也出现不平衡性；二是来自思维的主体、个性特点的差异，这就会使问题情境及其解决水平带有不平衡性；三是来自活动的差异，这也是造成问题情境及其解决水平不平衡性的重要因素。问题情境的不平衡性，使得学生有选择地考虑问题，他们的思维表现出一种倾向性，对自己活动比较频繁的领域中遇到的问题及感兴趣的问题，他们考虑得多些，而对另一些问题则可能考虑得少些，因此在思维的研究中，从设计到具体方案的实施，都要考虑到这种不平衡性。

（五）理论联系实际原则

理论联系实际是建立我国思维研究理论的关键。不可否认，国外有许多思维研究的成果值得我们借鉴，但我国和外国的社会条件、教育条件毕竟不一样，拿国外的研究成果硬套在我国学生身上，将其作为国内学生思维发展的特点和趋势，必然会忽视国内学生自身思维的特殊性。因此在思维研究过程中，应该密切地将思维研究的理论与我国学生的思维发展实际结合起来，并在实际研究中充实和提高我国思维研究的理论。

二、中学信息技术思维过程

许多信息技术教育家或信息技术专家在阐述其学习信息技术的经验时，都强调通过自己的思维来学习，因而，在信息技术教学中，要求学生通过自己的思维来学习，也是普通教育首要的教学目的和要求。信息技术教育不可能使教育对象都成为信息技术专家，却可以使学生把信息技术作为生存的一个方面来掌握，同时使之能够根据信息技术的特点来思考。为此，教学不仅要促使学生学会模式的识别，更要体会建立信息技术模型的一些必要的思维过程。然而，实际信息技术教学的缺陷之一，却恰好表现为忽视或压抑学生的思维过程。例如，有的采取注入式和题海战术，把学习信息技术仅仅看成是感知和再认，削弱或取消了它的中心环节——思维；有的把信息技术思维活动仅仅看作形式逻辑思维，而忽视了从整体看问题的辩证的、发展的思维活动。要改变信息技术教学的这种状况，研究信息技术思维过程是十分必要的。

从认识过程来看，学生对问题的思考和解决，可以分为感性认识和理性认识两个阶段。感性认识是对事物认识的低级阶段，它是由于人的感觉器官和被认识的对象直接接触而实现的。感性认识包括三种形式：感觉、知觉和表象。感觉和知觉都是客观事物直接作用于人的感觉器官，如眼睛和手所产生的反映，感觉反映的只是个别的属性。知觉比感觉复杂，它综合了事物的各个属性，是对事物整体表面特征和外部联系的反映。感觉和知觉统称为感知，感知是认识的基础。表象是比感知更高一级的感性认识形式，它是感知的保存和再现。同感知一样，它不仅具有具体形象性，而且有一定的概括性；它不仅反映个别事物的主要特点和轮廓，而且反映一类事物的共同表面特征；它不仅反映某一次感知中所认识到的形象，而且常常把多次认识到的形象综合起来。所以，表象是感性认识和理性认识的中介和桥梁。有些问题单靠对事物的感性认识是不够的，要想获得对感觉器官感知不到的对象和现象的认识，即获得对事物的本质联系和规律性的认识，就要对感性认识进行再加工，这种再加工的活动表现为概括、推理和判断等集中形式，这些形式构成了理性认识，它们是认识的高级阶段，也就是通常所说的思维。思维是人脑对客观世界的本质、相互关系和内在规律性的一种认识活动，是对客观世界的间接的认识。

三、中学信息技术课程中思维能力的培养

（一）激发学习兴趣，创设成功的氛围

教学过程是教师根据教学目标和学生认知的特点，引导学生掌握知识，培养其能力的教学活动过程。在这个过程中，教师要结合学生的知识体系特点，利用各种教学媒体，通过组织、指导、帮助和促进，充分发挥学生的主动性和首创精神，以实现学生对知识的学习，提高教学效率，达到最佳的教学效果。比如在程序设计的教学中，不能单纯就题论题，只从本问题出发研究解决方案，要能通过一个例题的学习，培养学生解决问题的能力，做到举一反三，从而完成对同类问题的编程学习，同时培养学生发现问题、研究问题、处理问题的能力。例如，编程求sum=1＋2＋……100的问题，这是学习循环语句中典型的求累加和的问题，此题中各单项式的值可另外设定而变成其他累加问题，如可求奇数和、偶数和、各数的平方和等。教学时，就不能局限于这一个例题的研究，而应通过本例题找出解决此类累加问题的通项公式，再通过对公式的分析，确定循环变量，并通过循环语句编写出相应的程序。这样学生虽然只学习了一个例题，但学会了解决同类问题的方法，学生就可在此例的基础上举一反三，完成相关问题的自学，从而既提高了教学效能又开发了学生的智力，还培养了学生思考问题、解决问题的能力。

（二）创设问题情境，增强解决问题的内驱力

在信息技术教学中，常见所谓的"无情境"教学，然而没有问题情境，就不可能激发学生的思维，同时问题情境对学生来说必须是合适的。实验表明，如设置的问题具有学生"跳一跳，摘得到"的难度，就最能激发学生的思维。

例如我在"Flash动画短片的制作"的教学中就设置了这样动画挑战情境："别以为自己已经学会了很多技术，就能亲自制作一部动画短片了。哼，你要学的东西还多着呢！我，21世纪最伟大的电影导演伯格，向你隆重推荐获本届奥斯卡最烂影片奖的巨作——《破坏王大战蜘蛛精》。你可真走运，不是每个人都有机会向我学习的哟！"学生进入情境，跃跃欲试。积极探讨短片的制作步骤和方法，继而引发学生探究课题的主动性，形成探索思维。

（三）把新问题转化为原有的知识经验

学生的思维，总是依据解决问题的需要而进行的，把新问题转化为自己原有的知识经验中的问题去解决，而原有的知识经验，实际上是学生的长时记忆领域。长时记忆中的知识，不是简单的堆积，而是形成了一定的知识结构。这种知识结构有如下的要求：它是有核心的，这个核心就是最基本的、最有活动性的那些知识，最基本的知识被反复地使用，理解得最为深刻，在知识结构中的其他知识是由这些核心知识派生的，当其他知识发生故障时，总可以回到最基本的知识，使问题得到解决。一般说来，较高级的知识具有下列特点：它是由相应的基础知识派生出来的；它的限制词较多；它的应用较为专一。与此相对应的基础知识的特点则为：由它派生出各种更高级的知识；它的限制词较少；它的应用具有更大的广泛性。

值得注意的是，在中学信息技术教学中，为了使学生的思维更好地受到启发，必须认真地构建知识结构的细胞——概念。概念的形成过程，是一种以归纳、概括为主的思维过程，要使学生建立正确的概念，教学中必须尊重学生的概念形成过程。

第三节　高中信息技术学科教师的素质与培养

适应未来需要，进行教育教学改革，提高中学信息技术教学质量和教师素质，成为迫在眉睫的任务。

一、中学信息技术学科教师的知识素养与能力要求

（一）教师必备的知识素养

1. 通用性知识

所谓通用性知识，就是指教师作为一个教育者，不论他从事何种具体的教育教学工作，对于他所遇到的各种教育情境都有一定帮助，即便于他开展有效的教育教学工作的各种知识的综合。世界各国的教师教育课程或方案中，都包含了某种程度的通用知识教育课程或普通知识教育课程。之所以强调这些通用性知识对信息技术学科教师的影响，最根本的理由在于，信息技术学科教师并非只是面对自己任教的学科，他们还必须具有最基本的文化修养，以感染和熏陶学生，促进学生对教师所授信息技术知识的接受和掌握。教师渊博的知识，对学生而言本身就是一种无形的教育影响力，一个信息技术学科教师如果知识少，就很难应付教学工作中各种复杂情况的挑战。在我国的师资培训中，中学信息技术学科教师应该具有以下一些通用性知识修养：

（1）马克思主义哲学的知识。哲学是关于世界观的学问，马克思主义哲学是辩证唯物主义和历史唯物主义，是人们观察事物、分析问题、处理问题的基本依据，它是系统化和理论化的世界观，又是认识和改造世界的方法论，可对

教师的教育教学给予基础性的指导。

（2）现代科学和技术的一般常识。科学和技术的迅猛发展是现代社会的一个显著特征，现代科学技术时刻影响着每个人的日常生活。中学信息技术学科教师尤其需要拥有科学和技术的一般常识，在日常的信息技术教学中经常渗透科学和技术的理论与方法，而这些将有助于学生形成科学的精神和科学的方法。

（3）社会科学的理论与观点。中学信息技术学科教师应该具有社会科学的理论与观点，这些理论与观点有助于教师教育学生形成正确的世界观和方法论，使之成为符合现代社会规范的一代新人。

2. 学科知识

学科知识的重要性一直都受到重视，也一直被理所当然地视为教师必备的专业内涵。教师所具备的学科知识是影响有效教学的重要方面，而且影响的层面很多，包括选用什么教材，如何传授教学内容，采用什么教学方法，如何使学生了解教材的重要性，如何评判教材的内容，如何指出学生的错误观念，如何说明教材各章节之间的关系，如何评价学生的学习效果等。

作为中学信息技术学科教师必须具备的信息技术学科知识，其包括信息技术学科的体系框架、各逻辑知识点的内容及学科所需要的技能知识等，具体来说可以划分为四大类：

（1）内容性知识，即信息技术学科领域里的事实、概念、原理、理论等。

（2）实质性知识，即信息技术学科领域的主要理论框架与概念框架。

（3）逻辑性知识，即信息技术学科领域里新知识被引入的方式，信息技术学科的学术根源，研究者探究信息技术学科知识的标准与思考方式等。

（4）学科的信念，即对信息技术学科及其发展的基本认识和价值判断等。

中学信息技术学科教师如果能熟知信息技术学科的体系与内容，将有助于深入浅出地向学生传授相关的知识与技能。那么，信息技术学科教师究竟必须具备多少和多深的信息技术学科知识？这是一个程度的问题，而不是一个有无的问题。就信息技术学科教师而言，其对信息技术学科知识的掌握可以分为以下三个不同的层面：

（1）教师要对信息技术学科知识的完整体系有一个比较清楚的了解，能熟练而正确地掌握信息技术学科中的每个概念和原理。

（2）教师要了解和掌握与信息技术学科内容有关的背景知识和材料，这样便于教师加深对信息技术学科教育教学的理解，也有利于学生的学习。

（3）教师还必须了解信息技术学科产生和发展的背景知识及信息技术学科发展的趋势，这样教师就可以从信息技术学科与人的发展及社会的发展的关系出发，开展更为有效的教学活动，促进学生学习信息技术学科的主动性。

3. 教育学知识

（1）教师教学的知识。简单地说，教师教学的知识就是关于教师教和教师帮助学生学的理论与方法，教学既具有艺术性，又具有科学性，因此教师必须具备能达成有效教学的各种知识，并形成相关的技能。教师教学的知识包括一般教学论知识和学科教学论知识，一般教学论知识包括教学原理、教学方法、教学技巧、教学评价等内容，这些知识是每个中学信息技术学科教师都必须具备的。

（2）学生学习的知识。学生的能力、个性、兴趣、需要、认知、行为、情绪、生理状况等，都会呈现阶段性的发展与变化，在不同的年龄与经验背景下，学生会呈现不同的发展特性。教师必须知道学生在不同阶段的自我概念发展、道德发展与社会概念的发展等，同时对学生的学习、认知与思考方式有深刻的理解，以便掌握学生在各个学习阶段或各种学习主题的学习需求与学习困难，适时协助学生克服各种学习困难，并知道如何引导学生积极学习，包括改进学生的自我监督、学习技巧、学习动机、认知策略、后设认知等。

目前，社会正处于一个迅速变化的时代，学生也随着时代和社会环境的变化而发生着显著的变化。现在的学生，在受学校教育的影响之外，也不断地受到校外环境的刺激、感染和影响。虽然他们在观察事物和现象上，有比较独立的立场，在接受新生事物上，有比较主观的判断，在处理问题上，有比较果断的决策，但在困难与挫折面前，他们也往往容易丧失信心与缺乏恒心。教师只有了解了学生的身心发展特点、思维发展特点、心理发展特点及价值观念等，才能根据他们发展的特征选择教学的内容、方法和手段，才能真正教好学生。

（二）教师的教学能力

1. 分析教材能力

信息技术教师对教材内容不仅要知其然，而且要知其所以然，这样才能理解透彻，融会贯通，从而内化为自己的知识。分析教材，就其内容而言，主要包括：

（1）分析教材的地位和作用，即分析一段教材在整套教材中的地位、作用和对后续学习的影响，以及这段教材对学生的认知结构、训练技能、信息素养的作用。

（2）分析知识结构和特征。一是分析结构关系，即一段教材与前后教材知识结构的关系，二是分析类型特征，即分析一段教材所包含的知识类型。

（3）分析教材所涉及的信息技术技能和能力。一方面要分析一段教材涉及哪些信息技术技能和能力，另一方面要分析通过一段教材的教学，训练学生的哪些信息技术技能和发展他们的哪些信息技术能力。

（4）分析教学要求。就是确定一段教材的教学目标。一方面必须按教学大纲、教材和学生的实际情况确定每课时的教学要求，另一方面又要有变化和发展，即同样的内容在不同的教学情境和不同的教学阶段应有不同的变化和发展。

分析教材也包括把握教材的重点和难点。教材内容的重点和难点，是课堂教学的着力点，处理得当与否决定着教学的成败。所谓重点，是教材中最重要、最基本的中心内容，是信息技术学科教师安排教学结构的主要线索。一般说来，每本信息技术教材都有重点章，每章都有重点节，每节都有重点内容。信息技术学科教师要在对教材内容进行深入分析、统观全局的基础上，确定教学重点，并紧紧围绕重点内容设计教学，通过各个教学环节、各种教学手段，突出教学重点。例如，数据库是中学信息技术教学的重点章，建立数据库是这一章的重点节，此节的教学重点是字段与记录，因此在处理这段教材时应加以强化，宜重勿轻。

所谓难点，是指学生感到难以理解或接受的内容，这些内容或是由于知识本身抽象、复杂而难以理解，或是由于学生缺少必要的知识储备而难以接受。在分析教材时，要根据具体内容的特点和学生知识基础来确定教学难点。例如，程序设计中关于多重循环的理解是教学难点，因为多重循环的程序设计过程比较复杂，涉及的知识比较抽象，所以学生难以理解。因此在教学中教师可通过演示实验，联系学生已有的循环结构知识，并充分发挥学生的想象能力，以降低教学内容的难度，从而达到突破难点的目的。

2. 教学应变能力

教学应变能力，通常是指教师能正确处理课堂上突然发生的意外情况，通过随机应变使教学进程继续并取得良好效果的能力。培养和提高教学应变能力，关键在于教师要有深厚的理论素养、精深的专业知识和丰富的教学经验。任何教学能力的形成，都是在一定的理论指导下，反复实践的结果。因此，教师要注意学习教育理论，在理论与实践的结合上狠下功夫，积累经验。

3. 教学反馈能力

教学反馈，是指教师输送给学生的教学信息在学生中产生反应并返回教师，从而对教学信息的再输出产生影响的教学控制过程。它具体指以下几方面的内容：第一，能及时掌握反馈信息。课堂是教师获取信息的主渠道，教师应从学生的问答、解题或操作等活动中及时地捕捉反馈信息，并针对不同的反馈信息，不断调整教学思路、改变教学方法或更换教学手段，伸缩分合信息的传递过程，从而取得良好的教学效果。第二，能准确输出可靠信息。有的教师在教学中输出的信息准确度不高，失去分寸，脱离学生认知水平；有的教师提出的问题要么过浅，无助于学生思维的训练，要么过深，使学生望而却步。这些都影响了信息输出的质量。因此，教师在输出信息之前，态度要慎重，要对信息进行加工提炼，排列组合，使输出的信息准确、可靠，以获得最佳教学效果。第三，能主动、自然地排除谬误信息。所谓谬误信息，是指来自外界或学生方面的、对教师实施教学计划有阻碍的、减弱教学强度和降低教学效率的信息。教师只有充分发挥教学机智，自然平静且及时地排除谬误信息，才能把消极因素转变为积极因素，提高课堂教学效率。在排除谬误信息的过程中，要做到自然、妥帖，既不伤害学生的自尊心，又能激发学生强烈的求知欲，从而完满完成教学任务。

二、中学信息技术学科教师的继续教育

在中学信息技术教学中，应当把做好中学信息技术学科教师的继续教育

当作提高信息技术教学质量的重要措施，当作决定信息技术教学效果的关键因素。因为中学信息技术教学是一种新的思想和变革，它将对传统的教育观念、教育体系、教育内容和教育方法带来一系列的冲击，中学信息技术学科教师如果不具有新的理念，不把握信息技术教学的思想和方法，不具备解决实际信息技术问题的实践动手能力，就很难适应中学信息技术教学的需要。而目前大多数中学信息技术学科教师运用现代信息技术的能力明显滞后，掌握的现代信息的数量明显不足，这些都严重束缚了教师在信息技术教学中的主动性和创造力的发挥，因此，这就要求信息技术学科教师更新教育观念，改进教学方法，提高教学能力，并对他们进行与中学信息技术教学并行的信息技术在职继续教育。

（一）继续教育的特点

信息技术学科教师的继续教育是一种系统的、有目的的职业培训活动，它与学历教育相比，内容结构和方法都有明显的不同，具有鲜明的针对性、适用性、实践性以及先进性。

1. 针对性

继续教育的对象是在职教师，他们熟悉所参加信息技术教学的学科知识体系，有丰富的教学实际经验，并且具有较强的分析和解决问题的能力，又积累了丰富的感性材料，因此知识起点比较高。面对这样的对象，在设计培训方案时，所考虑的教学目的、形式和内容都应该不同于学历教育。如果开设类似于本科生或研究生的教学课程，肯定不能引起广大教师的兴趣，效果必然会不理想。只有针对他们的特点，安排能解决信息技术教学实际问题并有实效的教学内容，才会引起他们的兴趣，可望取得良好的培训效果。继续教育宜采用适合成人特点的教育形式，因为参加培训的教师都有一定的实际经验和较强的自学能力，且占有一定数量的感性材料，在学习有关理论和知识时，就会接受得快，理解得容易。所以，在培训时不宜过多地采用讲授、灌输的方法，而宜采用探究式、启发式、讨论式和案例评析等形式，有选择地重点讲解教材内容，还需要提供相当数量的资料供他们自学，留一定的时间让他们议论，这样教学效果会更好些。所以，培训的内容和方法，必须结合中学信息技术教学的实际，针对信息技术学科教师的需求和特点，做到有针对性。

2. 适用性

信息技术学科教师继续教育的内容要强调统一性，更要突出灵活性，要适用于不同类型、不同层次的教师。因为参加培训的教师情况比较复杂，他们任教的年级不同，参与信息技术教学的内容也不同，要适应这种多层次、多需求的教育对象的要求，在培训内容和深度、难度上都要做适应性调整。培训内容的编排要灵活多样，建立多维的内容组合模块，以便于进行知识的组块教学，只有这样才能做到针对性强、见效快，所以在具体安排上，既要有大致统一的内容和要求，如开设一定的基本理论课，介绍信息技术教学的基本思想、目标体系和教育原则、策略等，也要有充分的选择余地，如设立一定量的研讨交流内容，供各类信息技术学科教师按需选择，进行有效学习。

3. 实践性

信息技术学科教师的继续教育必须贯彻理论联系实际的原则，即联系参加培训教师的工作实际和知识基础实际，因为信息技术学科教师参加培训和从事教学工作是同步进行的。广大信息技术学科教师是带着教学工作中亟待解决的问题来寻找解决方案的，是带着教育研究中难以解决的困难来寻找答案的，所以在安排培训内容时，要充分考虑受训教师的实际需要，要根据他们的培训意向，调整和修改教学计划、开设课程和组织培训活动。例如，可以安排受训教师在课堂内学习信息技术教学的有关课程和原理，课余进行研究课和信息技术活动方案的设计和操作，授课教师和受训教师可以一起听课或观摩信息技术活动，用所学理论对观摩的内容加以评析，或由授课教师有针对性地根据疑难问题上示范课或研究课，或提供研究案例进行研讨和评议，使信息技术教学的有关理论学习和实践活动密切结合。这样做可以使受训教师所学的知识和从事的信息技术教学活动直接发生联系，并及时将所学的知识加以应用，真正体现培训的实用性。信息技术教学培训的内容不能只有少数人关起门来设计，应该充分听取受训教师的意见，因为他们工作在信息技术教学的第一线，最了解实际中需要什么，不需要什么，缺什么，他们的意见能真正反映实际的需要。课程设计人员重视了受训教师的意见，才可以做到培训的内容有针对性和实用性。

4. 先进性

参加继续教育的信息技术学科教师，都已经完成了学历教育，所以继续教育的内容决不应是大学教材的重复，而应是及时反映信息技术的新知识、新方法和新研究成果，并构建新的课程体系和理念，只有这样适应发展迅速又贴近现实的中学信息技术教学需要，才能吸引更多的教师选择有关信息技术教学的培训内容。现在中学信息技术课的教材正在进行改革，新教材从内容到体系都有很大的更新，这就要求信息技术学科教师继续教育的教材要与此相配套，这样参加培训的教师才能真正学到一些新颖的、有用的知识和方法，才能指导和改进信息技术教学工作。

（二）中学信息技术微格教学

1. 信息技术微格教学的基本模式

（1）信息技术微格教学的组织形式以班、组相结合。在组织形式上，信息技术微格教学以六七名受训教师和一位导师构成一个小组，作为进行信息技术微格教学的单位，若干小组构成一个班。在讲授教学理论时以班的形式进行；在进行微格教学实践、讨论和评议时则以小组的形式进行。在分组时要考虑到受训教师的各种特点，有时采用自愿结合的原则可调动受训教师的积极性。

（2）信息技术微格教学的时间控制。在进行信息技术微格教学时，为了研究、探讨某一项基本教学技能，可以选择一个比较完整的教学片段作为研究单位。但所选择的教学片段不宜过长，一般控制在10~15分钟之间，这样探讨起来可以深入些、针对性强些。为了帮助受训教师养成控制教学时间的习惯，可以要求他们在进行信息技术微格教学之前，对这一教学片段所需的时间做出确切的估计，当进行到最后几分钟时，由导师发出信号以便及时考虑结束。

（3）信息技术微格教学比较强调小组的深入讨论和评议。在一位受训教师谈了他的教学意图和教学实践感想后，小组成员在导师的引导下可以根据观摩实况录像的结果帮助他分析：哪些意图实现了，是怎样实现的；哪些意图没有实现，为什么没能实现；哪些地方有待于改进，如何改进；等等。小组成员的发言，既要有观点，又要有材料，这样比较有说服力，对他本人的帮助也较大。有的受训教师比较关心别人对自己教学的评议，却不太关心对别人教学的评议，应该强调，深入细致的讨论和评议不仅对被评议者，就是对评议者也是十分有帮助的。总之，彼此的评议愈是坦率，其价值也愈高。

2. 信息技术微格教学的设计

从表面上看，进行信息技术微格教学的设计是让受训教师实践所学的信息技术教学技能，从而逐渐熟练地掌握各种信息技术教学技能。但实际上，无论是导入的技能、说明的技能、变化的技能，还是提问的技能等，都是运用这些方法激发学生的学习动机、促进思维、掌握和巩固信息技术知识。也就是通过这些技能的运用，给学生安排特定的刺激情境，以推动、援助和维持每一个学习活动的内部加工，不断提高学习者的学习质量。因此，在信息技术教学技能培训的过程中就存在两个目标：一是受训教师掌握信息技术教学技能的目标；二是通过运用这些技能，使中学信息技术课堂所要达到的教学目标。教学技能是实现教学目标的方法和手段，教学目标所达到的程度是对教学技能的检验和体现，二者相互联系，相互依存。

第四节　高中信息技术学科教与学的变革

一、高中信息技术课分层教学研究

高中信息技术作为一门独特的课程，很大程度上受到地区经济条件的影响，需要较高的硬件支持。学生在升入高中之前对信息技术的学习并没有统一的标准，很多学校设置教学的重点也各不相同。这些要素导致高中一年级学生在信息技术课程的学习中存在很大的不同，一直沿用的班级授课制选用统一的讲课方式，不能满足学生多样化的学习需求。由此，分层教学成为解决班级授课和学生差异矛盾的方法之一。

（一）分层教学的相关研究

1. 分层分类教学法在教育中应用的必要性

（1）分层分类教学法适应社会的发展需求

近年来，学生的水平参差不齐，学生之间的差距也在逐渐增大。所以教学模式要适应当前社会发展对人才质量的要求，以适应社会的发展需求。随着科技的快速发展，培养学生的动手操作技能，培养他们的应用能力，就显得尤为重要。在我们的教育教学中采用分层分类的教学模式可以使学生在校期间能够根据自己的情况尽可能地学到更多的知识，从而使学生能够提升自己的应用能力。因此，在教育教学中采用分层分类教学法是十分必要的。

（2）分层分类教学法符合教学规律

学生可以根据自己的水平学到更多适合自己的知识，各个层次、各个类别的学生都可以得到提高和发展。所以，分层分类教学法是符合教学规律的，能使学生得到适合自身发展的良好教育。

（3）定期进行层次调整

每个学期，各科教师要集中对每个学生进行2～3次综合分析，并进行必要的层次调整。对进步明显的，提高一个层次；对后退的，要提醒。每一阶段或每个学期结束后，教师要及时做好各种资料数据的收集整理工作，以便分析与综合，总结与提高，并为其他教师提供第一手资料。在分层分类教学实施过程中，教师可根据自己不同的教学风格、不同教材的特点、不同学生的实际灵活运用，从而达到教育的目的。

（4）分层分类教学模式应用建议

分层分类教学模式的教学组织关键有两个：一是如何分层，二是层次如何调整。关于如何分层，在教学实践中创造了多种分层方法，概括起来可分为三种。第一，综合编班，学科分开。就是班级组成按好中差学生综合编班，但对学生学习差异较大的学科，则分层组班上课。不同班级制订不同的教学要求，设计不同的教学方法。第二，综合编班，班内分组。就是在一个班级里，根据不同学科的学习情况，将学生分成不同的组。第三，综合编班，分层作业。就是一个班级的学生混合编在一起，但作业按几个层次要求分别安排。

分层分类教学比较敏感的是学生对分在"差班""差组"很反感，因此，很多学校采取多种办法尽量消除这种心理障碍。一是采取隐性分班办法，即教师不公布各层次名单，只是教师自己掌握。二是安排优秀教师担任班主任和任教，让学生真正体会到分层不是只抓好的，丢掉差的，而是切实让不同基础的学生都得到发展。要真正帮助学生排除心理障碍，学校要对不同层次定期加以调整，使分层成为一个动态过程，而不是"一分定终身"。层次调整一般每学期调整1～2次，个别学生提高快，经过一定手续可以随时调整。学生层次的调整必须有科学的依据，不要单纯以一两次考试分数高低为依据，也不要以学生某个方面的情况作为标准，学校应研究制订出比较全面的科学的分层标准。

分层分类教学作为一种模式，体现了因材施教的教育思想，形成了一套完整的教学程序，而不仅仅是按程度不同分班或分组，更不是抓住好的，丢掉差的。

2. 目前高中信息技术课分层教学存在的问题调查

目前关于分层教学的研究中，很多学者只是关注学生的知识基础，根据学生的学习基础对全体学生进行简单的分层分组。这样做，只能在某种程度上满足学生学习起点的需要，而对于影响学生学习的非智力因素，如学者的自制力、学习情感等的关注比较少。本研究在之前分层研究成果的基础上，把非智力因素也纳入学生差异的研究中，从学生的多个差异维度出发对学生进行分层研究。

（二）设计分层教学的步骤与方法

1. 确定学生差异的方面

通过以上数据的分析，我们知道确定学生的差异应该综合考虑学生的智力因素和非智力因素，主要从以下几个方面进行。

（1）知识基础

知识基础其实就是学生的学习起点，信息技术有其独特的学科特征，具有较强的操作性和实践性，这样就需要较高的硬件支持。因此，学生的现有知识基础是学生差异的一个主要表现。对于学生知识基础的把握，主要可以通过问卷调查以及学习作品的分析来获得，教师也要根据教学过程中学生的实际表现进行动态的调整。

（2）学习兴趣

兴趣是最好的老师。学生应感到学习是一种内在的渴望，是一件非常愉快的事情。如果学生有发自内心的学习需求，再加上教师适当的引导，每一位学生都会成为拥有高信息素养的人才。

笔者认为，关注学生的学习兴趣，不仅要关注学生对本学科知识内容的兴趣，还应该包括学习生活中的一些感兴趣的事物以及学生的特长。如果教师在设计教学时能为学生提供多种学习主题，使每个学生都能找到自己感兴趣的部分，则教学效果会得到很大提升。学生的学习兴趣可以通过问卷调查以及日常的教学观察获得，有时候也可以从与学生的访谈交流中获得。

（3）学习风格

目前，比较有代表性的学习风格模型有班德勒和格林德尔的学习风格模型、格拉沙和里奇曼的学习风格模型、荣格的学习风格模型。本研究中主要采用班德勒和格林德尔的学习风格模型，这个模型主要反映学习者感觉通道的偏好，将学习风格分为视觉、听觉和触动觉三种基本类型。因为操作起来相对比较容易，所以这种分类方式的应用较为广泛。视觉型学习者善于通过图形、图像、文字、数据表等获取信息，在书面考试中一般得分较高。因此，教师在设计教学的时候可以为这些学生提供文字教材、录像等。听觉型学习者比较喜欢通过交谈来获取信息，善于接受口头指导，语言表达能力强。针对这类学习者，教师可以在课堂上设计讲授、讨论的环节。触动觉型学习者易于掌握通过触觉学习到的知识，教师可以通过实验、实际操作练习来提高他们的学习效果。

（4）学习取向

从学生的意动/情感、学习独立性、学习坚持性三大因素出发，可以将学习者分为转换型、行为型、顺应型和反抗型四大类型的学习取向。对于学生学习取向的判断，国内外都有比较科学的测量量表。国外比较有影响力的是玛格丽特、马丁内斯的学习倾向调查量表，国内主要是学者刘名卓的学习取向调查量表。

2. 学习目标的分层

在分层教学中，给学习目标分层，就是为了从某一个方面去尊重学生的差异，分别为他们提供基础目标、中级目标和提升目标，这样每个学生都能在实现目标中找到自我，经过努力都能有一定的收获。每个层次的目标要依据实际的教学内容来设定，各层目标遵循以下基本准则：第一，基础目标。基础目标是全体学生都必须达到的目标，教师在设计的时候主要参考学生现有的知识基础以及教学大纲的要求来完成基本能力的培养，使学生能够在他人的帮助下或者独立完成最基本的学习任务。第二，中级目标。对于课上学习的知识内容能够熟练地操作，能够单独完成学习任务，在此基础上鼓励学生挑战更高层次的目标。第三，提升目标。对于一些基础比较好的学生来说，他们能够很轻松地完成中级目标。在设计提升目标的时候，我们可以从知识的深度和广度出发来拓展学生的视野，提升学生的创新能力等。

3. 学习评价的分层

分层教学的评价根据多种途径的反馈信息对学生进行评价，以过程性评价形式为主。过程性评价的有效开展将直接影响学生的层次划分。当然，对于过程性评价的四个方面也是分层次的，这就需要教师根据学生现有的状态对他们提出更进一步的任务要求。

（1）课上：课上主要针对学生的出勤以及课堂学习情况的记录。对于层次较好的学生，他们的注意力比较集中，能够积极回答教师提出的问题；对于层次一般的学生，他们注意力时间有限，教师要及时地以提问等形式来暗示他们要专心学习；对于层次差的学生，教师应要求他们不扰乱纪律，能够模仿完成基本学习任务，并在此基础上不断进步。

（2）小组：在实施分层教学过程中，分组是主要的体现形式。因此，学生小组内部以及小组间的竞争学习也是评价的主要方面之一。对于之前从不主动回答问题的学生，教师要鼓励他们克服心理障碍，尝试做出挑战；对于自卑、羞怯的学生，教师应该为他们创造更多展示自己的机会；对于小组中比较活跃的组织者，教师可以根据需要将他们培养成教学中很好的"助手"。

（3）作业：学生的作业是可选择的、多层次的，应规定学生必须完成一定数量的作业，然后学生根据自己的具体情况不断挑战自己、提升自己。

（4）考核：考试主要是对学生之前学习情况的反馈，信息技术课程一般是在计算机教室进行授课，这为教师进行机试提供了更有利的条件。教师可以设计不同层次的考试问卷，每个学生可以根据自己的实际情况进行选择。当学生完成一个层次的测试之后，系统会把测试结果反馈给学生。如果测试结果比较理想，就提示、鼓励学生进入下一个层级的学习；如果不理想，学生可以选择反复进行测试。

（三）研究结论及反思

在以上分层教学设计方法的指导下，笔者进行了案例的设计以及实施，实施过程持续了半个月。针对实施过程中遇到的问题，笔者进行了以下反思。

在进行教学的过程中笔者发现，对于学生差异的了解，从问卷中分析得到的结论不一定是真实的。因此，我们需要通过课堂观察、学生访谈等多种途径对学生进行全面的了解。笔者在实践过程中发现，大部分学生更愿意在课堂上完成作业，课后作业的提交率比较低。因此，教师在设计教学的时候要合理地安排时间，对于一些简单的任务，最好使学生在课堂上就能完成。最后，得出以下主要结论：第一，分层教学为学生提供了多样的学习主题、学习资源，这在很大程度上提高了学生的学习热情以及主动性与积极性。第二，分层教学在高中信息技术课程的教学中具有可操作性，使全班学生都有事可做，每个学生在现有的学习基础上都有所提高，同时增强了学习的自信心。

（四）研究展望

对于今后分层教学在信息技术课程中的应用，笔者认为还有一些亟待解决的问题。第一，对于信息技术教师少而学生多的现象怎么解决。信息技术课程不像其他主课那样受到学校的重视，大部分信息技术教师需要对很多班级进行授课，在这种情况下，让教师去关注每个学生的差异，教师会感到有点力不从心。第二，对于学生差异的了解是一个漫长的研究过程，需要教师频繁地接触学生，而目前大多数高中的信息技术课一周才一节课，这为教师实施分层教学提出了挑战。

二、信息技术课程改革：经验与问题——以广东省为例

（一）探索高中信息技术课程改革

2003年，我国开始实施《普通高中课程方案（实验）》，颁布了普通高中各学科课程标准。广东省进入高中新课程实验，本着"积极、稳妥、创新、务实"的原则，平稳实施了几年，高中信息技术作为技术领域的基础学科，不仅有学业水平考试，还被列入了普通高校招生第三类高校的高考学科。几年后，广东省进入深化普通高中课程改革阶段，这一改革的总体思想是"调结构、减总量、优方法、改评价、创条件"，高中信息技术必修和选修内容都做了较大的调整。对于必修内容，选定了"信息技术基础"模块作为2个必修学分的学习内容，但对这个模块的内容做了调整，减少了常识性知识与技能的学习内容，减少了义务教育阶段已学习或日常学习与工作中不常用的知识，整合了模块间的重复性知识（如有关多媒体部分的内容），增加了提升学生思维且属于信息技术核心知识的内容（如算法思想）。对于选修内容，根据学生的兴趣爱好、个性特长、人生规划等，开设了相对应的选修课程，形成了一大批深受学生喜爱、又能为学生将来的发展提供帮助与支持的课程。体现学科前沿知识的课程，如云计算、安卓系统开发、互动媒体技术、3D打印等；体现信息技术核心知识的课程，如Java编程、单片机控制与应用等；体现信息技术最新应用的内容，如电子商务之网店设计与开发、微

电影制作、Excel在投资理财中的运用等。这些课程都是教师根据自身的特长和学科发展开发的，不仅丰富了信息技术的学科内容，提升了学科价值，而且大大提高了教师的专业素养。

（二）研究高中信息技术课程评价

评价是检验教学效果的有效手段，由于学科特殊性，中学信息技术的评价方式一直存在诸多困难，尤其是总结性评价。广东省多年前就开始实施高中信息技术上机考试制度，2019年广东省教育厅要求全省开始实施信息技术考试，考试形式从纸笔测试、上机操作，到纸笔测试与上机操作相结合，尝试各种考核方式，在高中信息技术总结性评价方面做出许多探索。纸笔测试最大的优点在于能同时开考，有利于保证考试的公平性，但弊端也很明显，如无法体现信息技术学科的实践性，不利于信息技术的正常教学。上机考试可以测试学生的实践操作能力，体现信息技术学科的应用性，更能正确引导教学，但由于受硬件条件限制，上机操作考试往往要分多场多次进行，很难保证每场考试的试题难度一致。由于考试时间不同，有的考试要分两天甚至多天完成，考试的信度和效度也会受到质疑。目前，广东省在高中信息技术学业水平考试中都采用了上机考试的形式，为了尽可能提高考试的信度，发挥考试的正面导向作用，除了在考试管理方面与高考要求相同，在命题技术上也采取了多种方式来控制试题的难度，保证考试的公平公正。如每次考试所有试题都重新命制，不重复使用试题，每场考试的题库都不相同，在命题时既重知识与技能考核，又重过程与方法、实践与应用能力的考核。

（三）思考信息技术课程建设中存在的问题

信息技术课程从出现后取得了很大的发展，课程体系逐步完善，师资队伍日益壮大，但在发展过程中也出现了许多问题，遇到了许多困难。

1. 信息技术的学科价值性如何体现

随着计算机和网络技术的不断普及，信息技术在社会生活中的应用越来越广泛，技术门槛越来越低。例如，计算机的使用越来越智能化，越来越方便；应用软件的使用也越来越简单，文字处理、演示文稿制作等常用软件的应用已非常普及，成为所有教师的必备技能。这导致目前以应用软件学习为主的信息技术课程特点越来越不明显。

2. 如何定位信息技术课程

在教育部的相关文件中，信息技术属于综合实践活动课程的一部分，尽管综合实践活动是必修课程，但其开设形式，开设时间等都有许多不确定因素，因此信息技术课程在不少地区都没有得到应有的重视，课程开设很不稳定。有的教师认为信息技术课程不是非常重要的课程，是一门可有可无的课程。此外，虽然高中信息技术有课程标准，也有相关的学业水平考试，但由于其没有义务教育阶段的合理衔接，没有打下良好的基础，这使得高中信息技术课程的实施遇到了很大的困难。

3. 如何正确处理课程标准、教材、教学指导纲要等之间的关系

现行的《普通高中信息技术课程标准（2017年版）》已经制定几年了，教材已使用很多年了，信息技术的发展日新月异，已与多年前有很大不同，无论是课程标准还是教材，都已显得落后，部分内容已显得陈旧，但由于课程标准、教材等是国家制定、审核的，相当于一门课程的执行法规，具有一定的严肃性和权威性，其更新并非易事。同时，各省份在实施高中新课程改革方案时，往往会根据本省实际，制定相应的信息技术课程教学指导纲要，对教材、甚至课程标准中的部分内容进行调整，以更好地适应本地实际。因此，在实际教学过程中，教师就面临着如何处理好课程标准、教材、教学指导纲要以及学业水平考试标准之间关系的问题，应既能落实高中信息技术课程的基本要求，又能让学生学有所得、学有所成。

信息技术作为一门正在成长中的年轻学科，迫切需要各方力量的关注与支持，以早日形成完善的基础教育信息技术课程体系，明确信息技术课程的核心内容，构建合理的信息技术学科能力体系，使信息技术学科能健康稳步地发展。

三、改进高中信息技术教学的策略

通过调查发现，目前我省绝大多数高中在高中一、二年级开设了信息技术课程，这为高中信息技术新课程的实施奠定了良好的基础。然而，目前高中信息技术教师对新课程标准定位、信息技术课的教材处理、教学设计、教学评价以及自身的发展等问题存有疑惑。现提出以下建议，希望对新课程的培训以及高中信息技术教学有所帮助。

（一）加强师资队伍建设

1. 补足信息技术教师数量

《普通高中信息技术课程标准》规定，学生在高中阶段至少学完信息技术课两个模块的内容才能毕业，而每个模块需要36学时完成。根据学生的认知规律以及高中信息技术课的特点，高中信息技术新课程按1周2学时安排，每模块在一学期内完成。这样，各高中信息技术课教师与学生需达到1：350的比例才能正常开课。然而通过调查发现，参与调查的高中能达到此标准的不足20%，超过一半的学校的信息技术课教师数量与学生人数的比例在1：600。可见，补足高中信息技术教师数量是实施高中信息技术课程的当务之急。

2. 优化信息技术教师职称结构

在调查中还发现，参与调查的高中信息技术教师的职称结构是：具有高级职称的约占2%，具有中级职称的约占15%，有近71%的教师是初级职称。显然，与其他学科职称结构相比（高级职称占20%～35%，中级职称占60%～80%），高中信息技术教师职称比例严重失调。优化信息技术教师职称结构，有利于调动信息技术教师的工作积极性，有利于高中信息技术新课程的顺利实施。

（二）加快微机建设步伐

通过调查发现，参与调查的高中计算机生机配置平均值为18人/台，这与"微机室要保证学生上课时1人1机。普通高中每12个班配备1间微机教室；标准及示范高中每10个班配备1间微机教室"的标准（即普通高中计算机生机配置至少要达到12人/台）还有一定的差距。充足的微机数量是提高高中信息技术新课程教学质量的物质基础，因此弥补微机数量的不足是高效实施高中信息技术新课程的前提。

（三）明确课程标准的定位

在调查中，有63%的信息技术课教师认为课程标准应该结合本校的师资、软硬件设施以及学生的实际情况来制定，如农村学生在小学、初中阶段信息技术基础没有打好，到了高中如果学校按照课程标准去执行，这将使大多数学生不知所措，最终导致学生产生厌学情绪。因此，课程标准是课程实施的最低要求，每个学校原则上都应该首先达到这个最低要求。确保信息技术教师明确课程标准的定位，是有效实施高中信息技术新课程的重要保障。

（四）灵活使用教材

在调查中，有近45%的教师提出：信息技术课课时有限，学生基础有差别，如果按照教材上的内容都讲，则难以完成教学任务，有选择地讲，基础差的同学就会少学不少东西；学生对课本上的知识不重视，不感兴趣，布置的作业不认真完成。在教学过程中教师对教学内容的选择与组织要以服务于学生的学习现状与发展为标准，以对学生学习现状与进程的把握为决策依据，不能唯教材马首是瞻。

（五）有效实施教学评价

几乎所有接受调查的信息技术教师都认为，目前的信息技术课程没有会考、高考，学生从心里不重视，学校和家长更不重视，这加大了教学难度，也导致教师的教学评价复杂化。《普通高中信息技术课程标准》规定，信息技术课程在高中新课程结构中作为独立科目与通用技术共同归属八大学习领域的技术领域，从而进一步明确了信息技术新课程在高中新课程结构中的地位。

课程标准要求教学内容要精选那些学生终身发展必备的信息技术知识技能以及蕴含在信息技术中的基本思想方法，在确定知识难度时规定了某一学段某一模块知识的最低标准，强调知识与现实生活和技术发展之间的联系，强调学生在学习时要结合自己的生活体验。

第一，反馈功能。从系统论的角度来看待教育评价，人们会发现教育系统中蕴含着很多小的子系统，这些子系统之间的密切配合使得教育系统可以高速地运转下去。但是如果想要让教育系统具有较高的运行效率，就需要这个系统具有良好的反馈系统，也就是教育系统需要具备反馈功能。在整个反馈系统中，评价是整个系统开始运行的起点，这说明任何一个循环系统如果想要长久地运行下去，就需要具备反馈的功能。具体来看，高校教学就是一个运转的子系统，为了使这个系统可以高速地运转下去，教师在实际的教学中就需要合理地运用教育评价。什么是反馈教学？反馈教学是指在实际教学中教学系统可以将与教学有关的各方面的信息及时地反馈给教师，使教师可以及时了解学生的情况，并针对具体的情况对教学计划进行整改。从这个意义上来说，反馈对于教学来说具有非常重要的作用，如果教育评价不具有反馈的功能，那么教育评价就不具备真正的意义。正如日本学者所指出的，教学评价的真正意义就是教师可以从反馈中获得有关学生的信息，并对这些信息给予正向的反馈，这将在一定程度上帮助教师及时调整教学计划。

反馈教学作为教学评价的一大功能，一般具有如下的作用：首先，教学评价可以在实际的教学中为教师提供学生的反馈信息。随着教育教学的发展，教师已经由原来的教学主体变为教学的指导者、监控者，这就需要教师在实际的教学中充分了解学生的各项信息，如对学生的智力、人格、体质的了解。教学评价的反馈功能存在的意义，就是通过检查和评定的方式将这些学生的具体信息传递给教师，使教师可以在实际的工作中对这些情况有所了解，并及时调整自身的教学计划。其次，教学评价不仅可以为教师提供相应的反馈信息，还可以为学生提供相应的反馈信息。任何一个教学评价都不应该只对教师有作用，这是因为学生是整个教学活动的参与者，因此任何一个教学评价都应该从学生的角度出发，其目的都应该是为学生服务。只有学生从教学评价中有所收获，这个教学评价才是一个好的评价。最后，教学评价不仅可以为师生提供反馈信息，还可以为学校的管理者提供相应的反馈信息。管理者可以从这些反馈信息中了解整个教学活动的进展情况，同时可以了解学校课程设置得是否合理，这将在很大程度上提高教学的整体水平。

第二，指导功能。教育评价的最终功能就是为了指导实际的教学活动，这就表示评价的结果需要具备指导的意义，并为下一步的教学工作指明方向。对于学生来说，指导具有非常重要的作用，这是因为他们在实际的教学中很难懂得教师所要传达的内容，这就需要教师对学生开展有效的指导。在校的学生普遍都面临着这样的选择，即如何面向社会，如何做出工作的选择。当学生进行工作选择的时候，他们往往会受到多种因素的影响，一旦做出错误的选择，他们将会面临更多的挑战，这就需要教师对学生进行全面的评价，从而为其今后的就业指明方向。

1. 教育评价的原则

（1）以学生为中心原则

随着时代的发展，人们对于教育者、受教育者的认识都发生了转变，很多学者认为学生应当是课堂的主体。在各个院校的教学中，教师们也都转变了传统的教育方法，将学生放在主体地位上，让学生成为课堂的主人，教师则成为课堂的指挥者。这是因为随着教育的进步，教师的主体地位在逐渐削弱，学生对于探索新知的愿望正在逐渐加强，在课外学生可以通过网络学习到一些新知，这对于现今的学生有着非常大的作用。

①教材分析要以学生为中心。教师如果要进行教材分析，需要在分析之前充分理解和把握本节课所要讲授的重点内容，了解学生在本阶段需要掌握的重点内容，包括什么内容是学生容易理解掌握的，什么内容是学生不容易理解掌握的，教师需要把学生的实际情况当作调整当前教学计划的依据。与此同时，教师还要根据学生当前的需要对教材的内容和活动进行最优化的讲解，使教学内容真正与学生实际情况相吻合。

②教学方法和手段的选择要以学生为中心。在实际的教学过程中，教师应该根据学生的实际情况采取多样化的教学手段，真正在教学过程中做到以学生为中心，以学生的所需为教学的根本宗旨。在教学过程中，教师应该采取直观的教学方法，因为直观的教学方法可以增强学生感官上的理解，可以增强学生学习的兴趣，使学生愿意学习。同时，在教学过程中教师还应该采用形象化的教学方法，因为形象化的教学方法可以适应学生的思维特点——直觉思维特点。因此，教师在教学过程中需要谨慎选择教学道具，以便这些道具可以激发学生学习的兴趣，满足学生的学习需求。

（2）兴趣性原则

随着教学改革的深入，教师们深刻地意识到兴趣对于学习的巨大作用，所以在现今的教学中，教师们都在采取各种各样的方法来激发学生的兴趣，以便可以获得更好的教学效果。在教学中，教师可以从以下几个方面来提高学生的学习兴趣。第一，教师需要尊重学生的主体地位，充分了解学生、认识学生。对比传统的教学，现今的教学更受学生们的欢迎。现今的教学打破了原来的教学形式，突破了原来的思维界限，使得教师的教学更加的形象、具体。高中阶段的学生正处于人生的塑形期，这个时期的学生渴望证明自己，所以在教学的过程中教师应充分尊重学生的主体地位，充分了解学生、认识学生，鼓励学生的个性发展，但不否认共性。第二，对教材进行深度挖掘。教师在备课的过程中，需要认真挖掘教材中学生感兴趣的内容，只有教学内容有学生感兴趣的部分，学生才会愿意学习、乐于学习。

2. 教育评价的实施

教育评价能推动教学的进步，能使教学的效率提高，是教学改革的一项重要任务。以前教学评价以教师为中心，从教师教的角度来评定一节课的好坏。现在教育评价的作用，是争取发挥激励作用，以学生为中心，为学生的发展服务。教育评价也要走出"以教论教"的误区，教师发挥主导作用，提高学生的参与度，重视教育评价的积极作用。

（六）促进信息技术教师自身的专业发展

在调查中发现：参与调查的高中信息技术教师中，虽然有近85%的教师毕业于计算机及其相关专业，具备比学生更高水平的信息素养和技术素养，但是在理论素养、教学技能和研究素养方面明显不足：参与调查的高中信息技术教师接受过省、市级新课程培训的不足30%，近一半的人未参加过县（区）级及其以上教研部门举办的教研活动，近45%的教师写过但没有公开发表过教学教研论文。与其他学科教师相比，信息技术教师在学校承担着多种角色：当信息技术作为一个课程时，信息技术教师就是教学活动的组织者；当信息技术作为教学辅助手段与其他学科相整合时，他们是信息技术的教练人员；与此同时，信息技术教师同样还承担着信息素养的培养员和评价者的角色。这就要求信息技术教师既要有全面的基本信息素养、硬软件的维护与管理能力，还要有先进的教学理念、熟练的教学技能以及教学研究能力和继续教育的意识与能力。利用省、市、县（区）教育机构提供的培训或教研活动促进教师自身专业发展固然是一种途径，但不是唯一的，其他可利用的途径还有：利用掌握的信息技术手段，或者与本校教师开展教学示范研讨活动，从互动交流、集体备课、课堂教学、案例剖析中获得专业成长；积极参与个人或小组形式的课题研究，找到有利于提高教学研究能力，解决教学中实际问题的途径。

第二章

智慧课堂的构建

第一节　智慧课堂的构建探索

智慧课堂秉承新课程理念，认为课堂不只是传授知识的场所，教学也不只是简单学习知识的流程，课堂教学是师生共同的成长历程，是授业者与受业者激情和智慧相互碰撞、融合、生成的过程。

一、智慧课堂的内涵特征

（一）智慧课堂的内涵

要深入理解智慧课堂，可以从智慧教育的三个内涵入手。智慧教育内涵体现在三个方面：一是为了智慧的教育；二是智慧地进行教育；三是形成教育的智慧。智慧课堂也可以从价值、过程、结果三个角度来理解。

1. 智慧课堂的价值追求

课堂为何而教？智慧教育中"智慧"的内容是什么？答案首先来自知识观的转变。知识观不仅影响着课程内容的选择，同时对课程目标的设立、课程内容的组织方式等有重要的影响。第二，从教育的目的来看，教育是一种培养有智慧的人的活动。这里的"智慧"不仅指知识，也包含道德、自由、向善的品格以及解决问题的能力，正如"教育要不仅仅是种知识性生存方式，而且更是一种智慧性生存方式"，课堂教学的目的是培养学生的各种素养，这些素养是为了适应现代社会及未来发展需要的。如果教师的活动是为这个目标服务的，那么教师也就实现了自我在现代社会中的适应与发展。

2. 智慧课堂的实施过程

课堂中的活动如何组织开展？课堂的过程应体现何种状态？如何"智慧"地进行课堂教学？从智慧教育的过程来看，智慧课堂不仅是学生知识积累的过程，更是学生智慧生成的过程，是实现培养智慧的人的教育目的的过程，而培养智慧的学生需要有智慧的教师。因此，所有教学活动都必须遵循学生的身心发展规律，符合知识形成（智慧生成）的内在规律。

（二）智慧课堂的特征

课堂是师生生活交流的地方，是通过对话不断寻求智慧的地方。一个教室、几排桌椅并不能够称之为课堂，缺少了师生之间的智慧活动的课堂只能称为讲堂。

智慧教育的价值导向认为教学活动是指向学生的生命和智慧成长的实践活动，应是富有智慧的活动，因此智慧应该是课堂建设的途径和方向。结合对智慧教育的理解，有学者提出构建智慧课堂的三大特质，即生态化、活动化、特色化。

智慧课堂的三大特质分别从师生关系、教与学的关系、过程与结果的关系来把握方向，实现三个维度的建构对话，保障教师在课改过程中的方向性。"三化"课堂与三个维度对应关系如下：

生态化：指构建自然、和谐、共生、可持续发展的课堂，实现人际关系的建构对话。这是基于课堂的现代性特征在师生情感关系方面的诠释，即是对师生和谐发展的课堂生命的呼唤，努力构建民主、科学、开放、自然、和谐、共生的可持续发展的课堂。

活动化：指构建开放、互动、多元、重实践取向的课堂，实现客观世界意义的建构对话。这是基于课堂教与学关系的再认识和重新审视。活动关注学生的主动构建和参与，建立开放、互动、多元评价的课堂教与学的活动过程，激发学生主动发展、主动学习。

特色化：指构建科学、个性、高效、具有创新精神的课堂，实现自我修养的建构对话。这是基于课堂过程与结果之间的突破点的确立，是对教学效果、教学风格、发展风格的追求，通过构建教师与学生的个性化风格，培养学生的独立人格及创新精神。

生态化、活动化和特色化三种特质始终贯穿课堂，使课堂从知识的课堂转变为智慧的课堂，从师本的课堂转变为生本的课堂，从模式的课堂转变为生成的课堂，从低效的课堂转变为高效的课堂。这一转变过程同时应该具有丰富多元、民主平等、科学合理、开放互动、先进高效、个性创新等六大特征。

二、智慧课堂的实施策略

学校是智慧教育实施的主渠道，课堂是智慧教育实施的主阵地。当前，基础教育课程改革要求在理念认识上、行为实践上、组织推进方式上都发生质的变化，因此推进思路也必然要做相应的调整。"智慧课堂"正是在这一背景下提出来的。

在推进区域智慧教育的过程中，在各层面依托全国教育科学"十一五"规划教育部重点课题"网络学习社区的构建及其教学应用模式研究"推进智慧课堂建设。2012年，我校制定了《中小学现代课堂教学规范》，明确学科教学设计、教学实施、教学效果等方面的教学要求，加强学科智慧课堂管理，提高课堂教学质量的评价标准；同时，研究制定了教师课堂教学评价标准，形成《智慧课堂指导纲要》《智慧课堂实施方案（学科方案）》等制度、文件，从制度规范层面来推进区域智慧课堂的构建工作。另外，很多学校在教学设备、设施方面进行了大量投入，制定了学校信息技术装备标准，配置了多媒体设备、电子白板等，纷纷都建立智慧教室。上述做法为智慧课堂的构建创造了物质条件、专业前提及制度保障。在此基础上，我校推行了以下措施。

（一）在认识层面努力促进课堂教学主张的形成与优化

1. 由表及里建构

对现代课堂内涵的解读经历概念认知、内涵理解及主义取向三个阶段。在对智慧课堂探索初期，学校应主要把"现代课堂"与"传统课堂"进行对比理解；在探索中期，将"现代性"作为理解"现代课堂"的突破口，提出现代课堂的特征、方向，虽然这已深入现代课堂本质属性的深层探讨中，但仍旧在现代课堂的概念范畴内进行思考；在智慧课堂全面开展阶段，研究思路应从教育本质、课堂教学及人的发展角度来理解现代课堂，提出现代课堂是培养学生适应现代社会与发展需要的课堂。

2. 个性化多元建构

由于政策导向、价值观念、观察视角及实践经验的限制，各级各类教育行政部门、学校、教师及研究人员对智慧课堂基本形态的认识及表达是有差异的。但智慧课堂作为一种课堂形态，是对传统的知识课堂的挑战，其对课堂基本形态、教学模式、思维培养以及创造性课堂形成的影响是毋庸置疑的。为此，相关人员对"智慧课堂"的内涵进行了界定。因为，智慧课堂并不是一个封闭的状态，而是一个开放的非平衡状态，课堂教学在维持自身独立性的同时，保持对外界的开放状态，比如教学目标的开放、教学内容的开放、教学组织形式和方法的开放、教学评价的开放以及教学空间的开放等，坚持对"智慧课堂"核心价值——人的发展的理解，同时保持对"智慧课堂"的个性化表述，可以真正激发出"智慧课堂"的丰富内涵。

（二）在实践层面以研究方式解决课堂教学生成的问题

区域课程改革的推进，既是一个教育专业问题，也是一个行政管理问题；既是一个教师个体成长发展问题，也是专业团队建设问题。从教育专业角度来说，课程改革必须解决对教育规律，特别是课程理念的认识问题；从行政管理的角度来看，是如何将这些认识，按不同级别的管理权限和职责贯彻到教育教学实践中的实践问题。

1. 问题聚焦

不同学校之间由于客观条件，如学校设备、设施、师资水平、学生生源等不同，发展方向和定位存在很大差异；一线教师对课程改革的理念、策略、方法和工作目标也有不同的理解。因此，在课程改革推进过程中，不同学校、不同教师个体关注的焦点是不一致的，课程改革不能一蹴而就。区域课程改革工作的一项重要职责就是加强统筹，解决学校存在的共性问题，通过共性问题的解决，实现个体问题的解决。

部分学校实施的主题研修活动，就是将全国的课程改革问题进行聚焦，让教师在现代课堂的理念下去分析、认识不同的问题，形成由上而下的四级研修主题，引领全国教师探索课堂教学理念，在问题解决中构建区域现代课堂。

2. 主题统整

基础教育课程改革是一个宏大的课题。不同地区、学校及教师均有各自的思考与经验。如何统整教学、教研力量使之形成合力？在教育实践中，有学校把构建"现代课堂"作为深化区域课程改革的抓手，以此为主题，统领教学、教研、师培工作。

"现代课堂"作为一个概念落实到具体的学科，需要一个具有特色主题的学科载体。为此，有学校根据学科特点制定了《现代课堂学科实施方案》，并以此统领全国的教学业务指导工作，分段分科，层层推进。每个学科都设立了关于"现代课堂"的二级、三级研修主题，每个学科依照方案、思路开展活动。

在"现代课堂"构建的框架下，各学科紧扣自己设定的研修主题，开展各种活动，如"我心目中的现代课堂"论坛活动、学科主题研修活动、学科教研活动、学科赛课活动、学科培训活动，等等。通过活动，有学者要求每个学科都要在"现代课堂"理念指导下，鲜明地提出本学科关于现代课堂建设与课程改革的主张与见解，即要对本学科教学观、学生观、评价观、课程观等形成结论性认识，以此把现代课堂理念落实到具体学科中去。这样，现代课堂的理念就有效地统整了区域课堂教学改革与发展。

3. 回归原点

随着课程改革的深入，教师在教学实践中产生问题已不能从外界找到很满意的答案，特别是一些深层次的教学问题，关于教育教学的问题。例如，在构建现代课堂过程中，课堂价值取向成为教师不断追问的话题：课堂教学是为谁而教？课堂教学的价值何在？应该在课堂上教什么？怎么教？在反复地叩问与追寻中，课堂价值观不断得到完善，体会不断丰富，教学实践也越来越清晰。在对这个问题的不断追问过程中，教师弄清了"人之教"与"器物之教"的区别、"有用"之教与"无用"之教的内涵、功利之教与价值之教的表现、过程之教与结果之教的取向。这种思维转变的方式以及从根本进行思考的策略，帮助教师解决了很多问题。

（三）在组织形式层面整体协调推进区域课堂教学变革

在深化课程改革进程中，无论是学校、教师，还是教研部门、教育行政管理部门都有这样一个共识：要切实有效地推进课程改革，就需要整合全国各方力量，形成合力，共同打造深化课程改革平台，这样才能实质推进智慧课堂建设。

1. 统筹推进

为了使全国课改形成合力，有学校创造性地开展了师培活动、教研指导活动，形成了点、线、面纵横交错、立体推进的研究方式。

（1）面——区域内整体横向推进

基于深化课程改革中专业指导支持薄弱、教师建设需要加强的问题，有学者按照教研培一体的思路，开发出教师继续教育研修平台"喜雨师社"，形成以"主题研修"为框架的骨干师培模式，创新了"一校一周集体调研"的教研形式。同时，通过加强区域内教育质量监测，开展教育学术节，实施"现代课堂"主题赛课活动，引导教师大面积参与活动，进而改变教学观念、改进教学行为，加深对现代课堂的认识与理解，促进课堂的改革与构建。

（2）线——学科内整体纵向推进

中小学各学科根据学科特点制定《现代课堂学科实施方案》，每个学科都设立了关于现代课堂的二级、三级研修主题，每个学科按方案思路开展活动；每个学科都在现代课堂理念指导下，鲜明地提出学科课程改革主张与见解，并以此统领全区的教学业务指导工作。针对学科教研员在智慧课堂的推进研究中具有的关键作用，有学者要求学科教研员应对本学科教学观、学生观、评价观、课程观等形成结论性认识，即通过观念指导将现代课堂理念落实到具体学科中去。在此基础上，各学科依此思路与方案相继开展了"我心目中的论坛"、学科主题研修、学科教研、学科赛课、学科培训等活动。

（3）点——学校个性重点推进

各学校根据自身发展需要，根据师资实情，在现代课堂三级主题下选择研究点，形成本校的研究子课题，或是学科研究小课题，以校本研修为平台，深入开展研究活动，推进本校现代课堂的构建。

2. 团体协作

主题研修活动由各学校按学科分类，推荐骨干教师参与，组成研究团队，把"构建现代课堂"作为一级主题，依据各级各类学校，如小学、中学、高中设立二级主题，同时每个学科在二级主题下设立三级主题，作为各学科研修班团队的研究课题。这些骨干教师在接受培训后把三级主题带回学校，根据学校实际设立四级主题，以校本研修的形式开展研究。

三、建立智慧课堂评价体系

课堂教学是一个复杂的系统，也是师生双方遵循一定规律共同运作保持和谐的过程。这个过程既是一个信息加工过程，也是一个情境创设过程，同时包含对系统中的构成因素的合理组合及有效调控。智慧课堂的合理建设可以优化学生的心理素质，促进学生主动、积极学习。智慧课堂的评价体系直接关系到课堂教学设计的指向。如何在影响智慧课堂评价体系的诸多因素以及复杂的环境中构建适当的课堂评价体系，是有效提高智慧课堂效果的关键。

四、智慧课堂构建的实践成效

（一）课程体系的创新

在以往的课程实施中，学生多处于被动、受控的状态。智慧课堂让学生由过去被动的、缺乏主体地位的状况，向能够自主地、独立地、主动地学习，能够有自主意识的理想状态过渡。课程是教育改革的主要阵地，课程体系的创新是教育改革取得进展的重要突破口。因此，学校课程体系的创新主要从以下三个方面开展研究：一是开展校本课程系统化研究，实现国家课程和地方课程的深度融合，把国家的课程校本化，同时制订学校的校本课程计划，两者结合就构成智慧学校教育教学课程的发展蓝图；二是开展课堂教学的研究，教学的本质是"教师教，学生学"，因此课堂教学应以教会学生"学会学习"为主要目标，教学评价一定要看学生如何去学习、老师如何指导学生学习，而不只是看老师讲得怎么样；三是开展对学生的研究，教师要研究学生的内驱力、学习的主动性、认知基础，这样才能有针对性地进行课堂教学的设计，课堂教学应树立以学生为中心的理念，立足学生实际，发展学生智慧。例如，成都市实验小学经过长时间的探索，摸索出"自主学习模式"和"自主活动模式"。"自主学习模式"是一种以学生的自我学习需要为前提，以"发现——探究——升华"问题增强学生的主体意识、激发学生的创新精神、提高学生的创新能力为目的，以学生自主活动为手段，以学生内心体验为中介的学生自我心理建构模式。这套模式引领学生在问中学、在创新中学、在比较中学、在归类中学、在做中学、在教中学，并创设"前置式研究学习"和"任务活动模块学习"。

"自主活动模式"是以人的内在动力为基点的学习方式，强调以给予学生自主学习时间为前提，以学生积极主动参与教学活动为基本形式，以促进学生自主发展为目的，建立在学生自主决定、自主选择、自主控制、自主评价、自主反思、自主构建等基础上的一类教学活动范例。其模式主要有：讨论式活动模式、操作式活动模式、实验式活动模式、表演式活动模式及实践式活动模式。

（二）课堂理念的转向

课堂是学校教育的"主阵地"，是践行新课程及其理念的主要场所，因此可以说，课程改革最终能否成功，关键是要看课堂中能否发生预期的改变。在"智慧课堂"理念的倡导下，各校结合自身发展实践，提出了个性化的主张，如"生本课堂""双主体课堂""体验课堂""活动课堂""和谐互动课堂""灵动课堂"等。从学科角度来看，各学科都根据自身需要找到了富有学科特点的问题与主题，深入研究后提出了自己的现代课堂主张，如小学数学的感悟数学本质的课堂；小学语文通过对教学目标与环节的再认识，追求真、善、美的课堂；小学英语追求浸润文化的课堂；中学化学倡导实验的课堂；中学历史倡导人文课堂；等等。不同的提法，基于不同的思考角度，但众多教师及教研员在"现代课堂"理念指导下建构起来的智慧课堂，均是以培养现代人的综合素养为明确的终极目标的。

（三）教学理念的更新

长期以来，陈旧教学观念支配下的教师总是将教学目标的确立直接指向知识的传授，让学生最大限度地记住课堂传授的知识，教师只关注教，忽视学生的学，学生成为被动接受知识的容器。新课程要求从"教会学生知识"转向"教会学生学习"，教师必须成为教育活动的创造者，"智慧"地开展教学活动。

例如，学校可以在教学理念的改变上做三个方面的探索：一是改变教师教学理念，从教给知识到教会学习，每一门课程都不是只关注知识是否掌握，而是教授给学生自主学习的方法和主动思考的能力；二是改变学生的学习方式，从接受式学习到探究式学习，在教学过程中，教师通过创设问题情境，有意识地培养学生提问、质疑的能力，引导学生深入探究知识；三是改变学校课程设置，从学校到家庭和社会，"一切为了学生，一切为了学生的发展"。以广东省某小学为例，该校每周五下午的班级特色课程从思想上瓦解封闭性，从内容上建构开放的、与儿童个性相符的课程。学校给有特长的教师、家长提供舞台和平台，聘请他们为学校特色课程的志愿者老师，开设书法、武术、布艺、抖空竹、泥塑、国学等课程，发展学生的兴趣爱好，让他们各具特色、学有所长。值得注意的是，智慧课堂不仅要为学生提供学习的条件和机会，还要尊重学生的需要和意愿，让学生智慧地学习，在学习中发展智慧。这就要求从学习氛围的营造到课堂教学的实施，都应有利于学生主体地位的落实和学生智慧的发展。智慧课堂既是一种课堂形态，又是一种课堂理想。在智慧课堂中，教师和学生为了共同的目标，为智慧的生长而努力，使师生之间形成互依、互惠、协同与合作的关系。在智慧课堂中，教师不再是达成学校目标的工具，而是学生成长的同路人，学习既是学生的一种人生体验，也是教师的一种生活方式。学生在教师和同学的相互支持中，体验到归属感、认同感、安全感、凝聚力以及彼此间的接纳和支持，体验到一种全新的师生关系。可以说在智慧课堂中，教师和学生共同演绎着学习共同体，智慧火花随时随处可见。

第二节　智慧教师的专业发展

一、智慧教师的内涵

什么是智慧教师？首先需要了解智慧的内涵。智慧的解释已经很多，这里的"智慧"指"聪明""才智""机智"，即古人所说的"能处事物（人所具有的解决各种问题的能力）"。亚里士多德认为，智慧就是有关某些原理与原因的知识。智慧教师就是指教师所具有的处理教育问题的能力，即"能处教育之智"和"能处教育之慧"。"能处教育之智"，是指从事教育的策略或思维，策略或思维并非教育的本质属性，但没有策略或思维的教师一定不是好教师。因此，智慧教师首先应该懂得教育的原理与原因，并能在教育过程中运用相关原理进行巧妙的、合理的、科学的组织和实施。"能处教育之慧"，是指对教育活动的关怀，它是一种态度，即"心系于教育""心系于学生"，所以教育智慧涉及教师的教育情感。当教育情感和教育思维相互作用时，智慧教师也自然产生。也就是说，只有在具体的教育过程中，能根据教育的基本规律或原理，妥善处理好各种问题的教师，才称得上智慧教师。当然处于信息爆炸社会的"互联网+"时代，智慧教师还必不可缺的自然就是拥有用现代信息技术辅助教学的能力、远程教学的能力，通过大数据分析不断完善教学策略的能力。

（一）智慧教师是乐于学习的、用内涵吸引学生目光的教师

某教育家说："一些优秀教师教育技巧的提高，正是由于他们持之以恒地读书，不断地补充他们知识的大海。"读书学习，是教师的思想之源，是教师的智慧之源，所以智慧教师必须是会学习的。所谓"智慧教师"的提法，不应

当只是停留在对教师应当具备何种品质的终极评述上，而应该是一个动态的过程，即教师能看到自己的专业知识和专业技能处于不断发展中，并试图不断地接受新知识，并付诸实践，再通过反思来改善自己的教学方法。从这个意义来讲，智慧教师应当是指"乐于学习的教师"。

乐于学习的教师首先要具备学识魅力。我们都知道：想给学生一杯水，自己首先要有一碗水；想要给学生一碗水，教师必须有一桶水；想要给学生一桶水，教师必须有一桶随时更新的水，流动的水。流水不腐，水不流动很快就会肮脏，知识不更新，很快就将落伍。现在是一个知识激增的时代，教师的知识不及时更新，不随时充电，很快就会落后于时代。

学习的方式方法很多，最常用、最方便的学习方式就是读书。智慧教师每天都应该有一些时间用来读书，读古今中外的经典书籍，从中汲取精华，吸纳能量；读现代教育理念、教育学、心理学书籍，提升专业，创新思想。我们要读和自己专业有关的书籍，因为教师的高度决定了学生的高度，我们必须在自己的专业上做到让学生信服。同时，教师应该是个杂家，旁征博引，既拓展了课堂、教材知识，又激起学生的兴趣。

学习不但需要对本学科知识的深化、拓展学习，也需要对相关学科，以及教育教学方法论、教育管理、学情研究、教具制作、教学手段的运用等进行全方位的学习。此外，智慧教师还应该多掌握几门技艺。如果一名信息技术教师不仅将信息技术课程教得好，而且爱好体育，或者会唱歌，会画画，会吹口琴，学生很快就会主动贴近他，对他感兴趣，进而对所讲的课程感兴趣，这对教学来讲是事半功倍的。

当然，智慧教师最重要的就是通过学习提高自己的专业化水平，这里就需要进行专业的学习了。培训是很重要的一种方式，比如集中培训、脱产培训、远程培训等。教师培训是促使教师快速成长的有力措施，特别是现代教育技术快速发展的阶段，如果教师不通过培训掌握电子白板等现代技术，那么他们肯定会被逐渐淘汰。提高自身专业化水平还有很多方法，比如上公开课、写教育博客、教学反思等。

最后，要想成为一名智慧教师，必须肯放下身段，能够及时发现自身不足，同时能发现学生或者其他人的优点，向对方学习。"三人行，必有我师焉。""是故无贵无贱，无长无少，道之所存，师之所存也。"因此，有时某些方面学生比老师强，老师也应该向学生学习。智慧教师在传授知识的过程中，与学生的关系应该是相互学习，共同进步，只有做到这一点，才有资格做智慧教师。

（二）智慧教师是富有爱心的、用智慧帮助学生改变的教师

学生只有"亲其师"，才会"信其道"。教师的智慧必须建立在与学生有良好沟通的基础上才能在学生身上发挥作用，所以爱心是智慧教师的首要条件，是做好教师的前提。没有了爱，教育将变成一潭死水，毫无生机和意义。有爱心、有一颗智慧的爱心，才能成为一名真正的智慧教师。

爱学生不能太狭隘，老师一味地付出爱心，特别是单向地付出爱心是不可取的，爱学生应该是师生之间的一种互动，包含着对学生的理解、尊重和赏识。老师和学生之间如果只有一个话题——学习是不行的。老师要先做学生，再当先生。做老师的要试着走进学生的内心。试想，如果孩子不喜欢学习，你就是逼着他学，他也学不好，反过来，难道只有考上大学才是唯一的出路，才是成才？只要在老师的教育下，孩子们能善良、正直、有责任感，愿意服务社会，帮助他人，这就是好孩子。但是，现实中，家长与孩子之间，师生之间的冲突往往就是因为想法不一样而产生的。孩子为什么要说谎，说谎的原因不外乎两条：想得到什么，想逃避什么。很多谎言是逼出来的，让我们试着去理解孩子，站在孩子的角度考虑问题。

有了理解、尊重和赏识的前提，师生之间的关系就比较和谐了。那么无论在学生的品行上还是学习上，学生对于老师对他付出的爱心都能乐于接受，并且也有互动。当然，这时候如果运用一些技巧性的方法，则能事半功倍。

陶先生的教育智慧以爱为基础。没有爱的包容，没有爱的滋润，学生就不可能在不知不觉中深受感动，发自内心地要改正；先生的爱又是以教育智慧为实施的载体和手段，没有智慧地抓住学生优点，没有智慧地促进学生自悟，那个学生也不可能深深后悔，主动认错。很显然，如果没有爱或者缺少教育智慧，师生之间就不可能有良好的互动。可是，现在很多人把"爱"奉若神明，以为"爱"能包治百病。长期的实践经验清楚地告诉我们：爱固然重要，但智慧也必不可少；两者的有机融合，是我们处理和解决教育教学问题的一把金钥匙。化教育于无痕，蕴大爱于平凡。爱和智慧的交融，则凸显其人格的伟大。对教师而言，热情、热忱、关爱，以及学科课程知识等确实很重要，但最关键的是能够成功地完成促进有效教学的相应活动。对于绝大多数教师来说，"智慧"或"机智"不是天生的，只是他们更多地关注了有效教育的原则，以及如何运用这些原则进行有效应对。例如，在一节高中的信息技术课堂教学中，老师正在组织《信息及其特征》内容的教学活动，坐在教室后排的两名学生不但没有认真参与，还交头接耳地讨论与学习毫无关系的内容。遇到这种场景，我们常常可以看到许多老师会直接提醒或批评学生，甚至会有老师让这些学生在教室中站立着听课……结果，这些学生不但不会在后续的课堂中变得认真，而且会影响教师在他们心中的地位，还会引起其他学生的注意，从而影响整个课堂的教学秩序。然而，这位教师并没有这样做，他一边继续讲课，一边慢慢地朝他们走去，但目光并没有盯着他们，从其他学生的角度看，他们或许并不知道老师走下去的原因，但这两位学生却不再交头接耳，并开始注意教师的讲课。如果我们不知道该教师方法中蕴含的规律，那就很可能错过一次简短而关键的交互作用，并可能认为教师只不过是在应用某种方法来维持学生的注意而已。但事实上，该教师在应用着任何人都可以学会的一条课堂管理原则：维持对课堂活动的注意，应用简单但起作用的干预方式来处理行为问题，并在小问题变成大问题前着手解决。这个事例告诉我们，教师的智慧是可以学习、传授的，智慧教师的智慧可以被观察，可以去实践。但前提是教师需要心中有爱，掌握教学原则，了解教学的基本规律，然后再付诸行动，并在行动过程中不断修正、提升自己，教育智慧里包含很多技巧性的内容，大都是局限于具体情境下具体问题的招式，离开了犹如深厚内功的教育智慧就无法施展。比如，以人为本的理念、多种方案的预设、分类解决的方法、妥协多赢的策略、机智灵活的应对等，都能体现教师的教育智慧，是一个教师走向优秀乃至卓越的必然选择。但不变的是智慧教师是乐于学习，助人自助的引领者。

二、智慧教师的素养

我国著名的科学家对未来教育做了如下论述："未来的教育=人脑+电脑+网络。"当然处于信息爆炸社会的"互联网+"时代，智慧教师还必须具备信息素养，例如：能拥有用现代信息技术辅助教学的能力、远程教学的能力、通过大数据分析不断完善教学策略的能力。

（一）智慧教师拥有用现代信息技术辅助教学的能力

传统的教学方式，教师只能在黑板上通过板书、作图来传递知识，而一些动态的数学知识教学，教师不得不借助口头语言、身体语言将画面说"动"，而这样抽象的知识学生仍只能够"感受"。这样既浪费了时间，又不能收到好的教学效果。例如三角函数的图像、圆锥曲线、简单几何体等，多媒体教学能够弥补传统教学方式的不足，发挥其特有的优势，如函数图像的平移，可以通过动态演示，学生很容易得出结论。还有圆与圆的位置关系的相互运动以及每种位置关系下圆心距d与两圆半径R、r之间的数量关系，通过CAI的演示，以及旋转几何体的方法等，都让学生能更直观、形象地接受和理解。所以说，在科学技术日益发达的今天，信息技术已经被广泛地应用于现代教育教学中，信息技术的应用改进了传统教学中的短板，吸引了学生的目光，大大提高了课堂效率。目前，中小学教师教育信息技术应用能力有三个等级（初级、中级、高级）之分，其中要具备信息技术能力应用标准高级水平的话，就要先具备初、中级能力，还应达到以下要求：

硬件操作技能：

（1）熟练掌握计算机网络架设所需的各类硬件知识；

（2）能对计算机等设备进行简单故障排查；

（3）能对学校常用电教设备进行维护和简易故障排查。

软件使用技能：

（1）对计算机操作系统及网络操作系统有较深的了解（会安装使用、备份与还原操作系统）；

（2）熟练使用常用软件对素材进行加工、处理（如利用文字处理软件对信息进行编辑，利用统计软件对信息进行统计分析等）；

（3）熟练掌握常用办公软件的操作技巧；

（4）熟练掌握1~2种多媒体课件制作工具（如PowerPoint、Flash、几何画板等），能够制作网络课件；

（5）为学校信息化教学资源库建设及各类资源系统软件的架设和WEB发

布提供支持等。

信息化教学素养：认识网络教学信息的传递手段，以及教学媒体的类别和功能；能够根据不同信息化教学媒体的特点，设计实现不同教学目标的学习活动与学习模式（如利用网络多媒体技术实现探究性学习，研究型学习与案例学习等学习模式）；利用信息技术和网络环境开展教学交流和活动。当然，不同年龄阶段、不同追求的老师在信息素养的培训提高方面会有不同的自我要求，但是作为一名智慧教师，要尽可能地在教师教育信息技术应用能力上给自己确立更高的要求。

智慧教师除了要具备拥有用现代信息技术辅助教学的能力，更重要的是要正确认识"辅助"的作用，不能盲目地一味追求使用多媒体教学，从而违背了一些基本的教学原则，使教学过程由"人灌"变成"机灌"，严重影响了教师的"教"和学生的"学"。许多教师在进行与多媒体画面无关的内容教学时，仍会将多媒体画面显示于屏幕上，在静态PowerPoint画面角落出现干扰学生注意力的与教学无关的"动态"小图形（如不断扇动翅膀的小鸟、不断转动的笔等），PPT字体的能见度、背景对主体产生干扰，阅读量过大等问题都非常普遍。作为一名智慧教师，必须合理选择教学辅助手段，以达到教学效果的最优化，这就需要教师根据教学内容、学生特点、教学条件、教师特长等优选教学辅助手段，这包括学生实验、教师演示实验、多媒体、实物、模型、挂图、板书、手势、类比等。所以说，拥有用现代信息技术辅助教学的能力，并恰当地运用这一能力才是智慧教师必备的信息素养。

（二）智慧教师拥有远程教学的能力

如今老师和学生的沟通不仅仅局限于课堂，师生、家长之间的联系可以通过邮箱、微信、QQ等，完全打破了时空上的限制，教师通过移动终端，可以及时地给予学生点拨、指导。教师在教学上也不仅仅是传递知识，更多的是给予资源链接和方法指导，激发学生兴趣，进行思维的引领。2020年，全国进入了抗击疫情阶段，所有学生都停课在家进行线上学习，虽然学生们都在家里，但是这丝毫不影响老师指导学生一起学习、进步，当然这一前提是教师要拥有远程教学的能力。

当下，网络教学模式（包括远程教育网络教学模式）的应用越来越广，许多公司都开展了远程教育，形成了网络教学平台、网络教学系统、网络教学软件、网络教学视频、网络教学游戏等全新的概念，可以说一部智能手机就是一个课堂。具备现代教育理念和远程教学能力的教师可以随时随地组织学生开展除学校课堂教学外的教学，使教与学不再局限于课堂，从而使教学形式更加多元化。

（三）智慧教师拥有通过大数据分析完善教学策略的能力

在大数据时代，处理海量的数据是绝大多数个人电脑无法完成的。这些数据需要有强大的计算机系统来处理。云计算就是这样一种通过互联网来让个人用户实现网络计算的系统。

以互联网、云计算等综合技术的成熟为基础，在学生管理数据库中挖掘出有价值的数据，经过过程性和综合性的考量，找到学生各种行为之间的内在联系，考量背后的逻辑关系，并做出恰当的教学决策，这才能被称为大数据。在课堂教学中，每一节课都可以将多媒体设备、电子书包、无线网络设备构成一个云平台。智慧教师需要具备这样的能力：把课堂视频、学生问题、交流反馈等内容用云计算来处理，及时提升教学效果；或者是预设一些课堂检测项目，让学生完成后，再通过云计算来完成判定和统计，并及时反馈到课堂上来，对教学的重难点及时做出调整，确定更适合学生的教学策略，选择更适合学生现状和难度的题目来对学生进行检测。

就教育而言，最难的就是教育评价，在大数据辅助的反馈系统里可以使教学评价更加科学、及时。如果没有计算机，那么算法程序的教学也是没有意义的。教师借助多媒体进行算法教学时，可以让学生验证自己的算法语言写得是否正确，鼓励学生自己订正，反复练习，修订正确后学生会有一种成功的喜悦；还可以举行各种知识竞赛、兴趣小组等，培养学生的自觉性、自制力和良好的学习习惯。当然还可以减轻教师重复的教学和辅导，让学生有更多的时间去思考，让教师有更多的时间与学生沟通与交流。

所以，智慧教师应充分发挥网络和计算机在数据采集、存取、数据智能化分析和处理等方面的优势，开发各种有效工具，逐步形成基于信息化环境的、新颖与科学的教学测量和评价体系，及时调整自己的教学策略，让教学活动更有效，能针对学生个体进行个别化教学。

大数据改变了人类认识和探索世界的方式，使人们更易于认识教育规律，接近教育本真，教育将迎来新的时代。传统教育的教师依靠感觉、直觉，以学生个体以往的经验为基础，形成面向未来的教学决策。虽然经验具有一定优势，但人的感觉存在盲点，直觉的可信度可能存在偏差。这种喜欢利用以往应对学生的有效策略来应对新的学生的方法可能已被过度使用。数据驱动决策的潜在优势之一，就是确保客观的标准，而不是凭直觉或刻板印象作为教学决策的基础。大数据可以凭借日常对信息的点滴采集，运用严密细致的逻辑推理，客观展现学生的完整形象。教师可以使用学生的数据分析，确认可能推动学生表现的影响因素，然后调整教学以便更好地满足学生的需求。美国DWIP模型展示了"数据收集—知识形成—智慧行动"的过程，不仅回答了"what"，也指明了"how"，即提供了具体的技术、流程、方法，甚至团队建设、文化创新。实践案例表明，DWIP模型利用全校协作的方法来帮助教师利用数据，确定共同的学习问题和教学解决方案，有助于教师形成共同的责任感，并让教师看到自己的教学能更有效地服务学生。未来谁能利用数据，并利用数据提供个性化的服务，谁就能在未来的竞争中获得更多主动权。面对大数据时代的到来，我国教育工作者如何把大数据转化成信息、知识，升华为智慧，进而改进教学，是很大的挑战。我们的学校和教师虽然拥有很多数据，但长期以来学校主要是为教育行政部门提供数据，扮演的是"数据提供者"，而非"数据使用者"的角色。教师不能有效利用信息以确定的思路和方法。教师即使利用数据，也主要是利用单一的考试成绩的数据。随着当今对问责的强调，考试成绩数据更多地被用于判断学校教学的有效性以及管理者和教师的能力。这在某种程度上促使人们越来越感兴趣的是结果，而对不同类型的数据进行深度研究，以发现问题领域并寻求新的解决方案方面无法形成共同动机。为了应对这种挑战，我国教师需思考如何在学校倡导数据文化，建立持久运作的数据收集、分析并将分析结果转换为教学决策和实践的体系，真正发挥大数据在教育发展中的价值。

三、智慧教师的演绎

21世纪是信息的时代，也是教育信息化、数字化的时代。以教育信息化、数字化带动教育现代化，已成为当前国内外教育发展的趋势和潮流。特别是数字技术的发展和运用，在很大程度上决定了或标志着教育信息化发展水平，而且人们也不自觉地以数字化校园的数量和质量，来衡量一个区域和学校的教育信息化的能力和水平。伴随教育改革的深入和计算机科学的发展，带动教育变革的趋势指向教育的全面信息化和智能交互式应用。与此同时，智慧教育映入人们的眼帘，即通过构建高速互联的网络、优质的数字资源、个性的学习环境，推进信息技术与教育教学深度融合。

大数据时代下的教师专业发展呈现新态势。教师面临着大量从其他渠道收集到的数据。他们必须学会有效地浏览海量数据，诸如诊断性、常模参照标准化的评价数据以及其他与教学计划、教学过程及教学评价相关的数据。随着测试结果数据和学生背景信息逐渐可为学校所用，教师理解并使用数据的能力面临提升的要求。数据价值的探求取决于把握数据的人，关键是人的数据智慧。技术本身无法取代人的内在能力。由于教师分析数据能力的单一和局限，即便拥有丰富的数据，也可能无法最大限度地挖掘其价值，并得出有效的结论用以指导教学。因此，提升教师的数据智慧，可以最大化地利用数据，避免做出不科学的教学规划，这对推进大数据在教育中的应用有着重要意义。大数据时代对教师专业发展提出了新要求。

以《信息及其特征》一课为例，看教师如何运用"智慧课堂教学系统"，以智能化教学促进个性化学习。

（一）智慧教师以数字化的学情调查为前提，设定教学目标

学情调查由学生在课前完成，目的在于了解学生在学习新知识之前知道多少与新知识相关的概念，教师要找到学生的最近发展区，由此来设定符合学生学情的教学目标。学情调查的形式有很多，可以是练习题或者微视频。

《信息及其特征》一课的学情调查：

（1）对信息的概念掌握情况的调查。

（2）对信息的一般特征的掌握情况的调查。

本例在学情调查中通过智慧课堂互动系统的统计，直观了解学生是否能借助工具书自主落实一些学习重点。此环节设计成三个大题，20个小题，考查学生对信息及其一般特征的具体掌握情况。

以前的作业批改对于教师来说一直是一件耗时的工作，要从作业中统计错误，了解学生的掌握情况更是增加了负担，智慧教学系统的自动批改功能让这一切变得简单便捷，学生的答题情况可以实时、精确、直观地反映出来，让老师对学生知识掌握情况一目了然。

通过智慧课堂互动系统的批改统计，从结果可以看出，大部分同学能够借助书本注解了解信息的概念和一般特征，对于一般特征的具体理解，如对"价值性""可伪装性""载体的依附性"的理解很多同学还未准确掌握。

根据系统批改的结果显示，学生在课前以小组合作的形式进行互助学习从而把错的题目解决。在对信息一般特征的准确理解方面，全部答对的同学就可以辅导同组正确率较低的同学，这样就发挥了学生之间"兵帮兵"的作用。学生以小组的形式进行合作学习，当然针对错误率较高的题教师在课前可以用几分钟时间稍做点拨，这样对于掌握好的同学是巩固，对于掌握不到位的同学是知识点漏洞的填补，通过以上的环节使得全班同学在学习新知识前都处在更接近的起跑线上，方便教师授课。教师根据学情调查反馈的结果，确定本节课的教学目标。

（二）智慧教师把学生合作交流的成果立体化呈现，以学生为主体

数字化教学可以把学生合作交流后的成果以文字、照片、视频等多种形式上传，在合作交流环节，教师在课堂上扮演的角色是"主持人"，改变了以前教师为主导的传统教学模式。教师根据教学目标向学生提出更加具体的问题供学生思考，学生在独立思考后以小组的形式与同组的同学分享观点，最后每个小组派代表进行小组展示，教师根据各小组的表现进行打分，小组之间有了比拼，学生的学习热情被激发。对于小组合作，每个小组根据人数，把学生分为点评员和汇报员，这样每个学生在课堂中都有相应的任务安排，每个人都有事做，学生的课堂参与度高。

（三）智慧教师把纸质作业数字化，减负提效

对于课后纸质的作业、练习，教师通过数字化的平台，通过图像扫描、文本识别等方式，实现数字化，并和课堂监测的内容一起，形成学生学习过程中完整的错题集。通过信息存储智能处理中心的处理，教师通过教师应用平台，能及时全面了解学生学习的整体情况及个体情况，以便及时调整教学策略。学生应用平台便于学生及时查阅，进行多次学习。

四、如何成为智慧型教师

第一，善于读书，善于行走。苏霍姆林斯基说过："一位教师的工作效果取决于他的知识和素养，取决于他读什么书，怎样自学和怎样充实自己的知识。"信息技术教师，首先要是读书人。读万卷书，行万里路。在阅读中拥有思想，在行走中增加阅历，智慧源于思想、源于阅历、源于见识。

第二，善于借力，善于反思。向名家学习，向报刊借力，在网络共同体中谋智慧。站在巨人的肩膀上前行，借用集体的智慧飞翔。学而不思则罔，思而不学则殆。勤于学习，善于反思。一双慧眼、一双慧耳、一颗慧心，倾听、反思、梳理、提炼、归纳。心胸越来越豁达，脚下越来越坚实，人生越来越有智慧。

第三，向课堂要智慧，向管理要智慧。课堂，是师生生命的栖息地。信息技术教师要努力提高自身的信息核心素养，使学识更深厚，使知识更广博，要在解读文本与处理教材上、在教学设计与教育机制上、在促进学生生长与发展上修炼内功，提升自己，打造智慧课堂，这该是每一位信息技术教师的追求。

第四，勇于坚持，善于写作。没有人会随随便便成功，唯有在艰苦的环境中，日复一日，年复一年，埋下头来做学问，提起笔来写文章，才能积累大量教育、教研、教学资料，才能提高自己的理论水平与文化素养，才能拥有与调皮孩子交锋的智谋，拥有与优生谈话的睿智，拥有与中等生沟通的理智，还有生活中与教育有关或无关事件的智略。

第五，懂爱，善于表达，勇于践行。没有爱就没有教育。但爱孩子，不仅仅是关注衣食住行之日常，更应该关注孩子的心理健康，关注其精神世界。要善于发现，善于捕捉，善于表达自己的爱意，让孩子能从字里行间感受到爱，能理解并接纳。也就是说，教师还应该是心理学专家，懂得怎么说孩子才会听，怎么听孩子才会说，师生关系决定了课堂效果。

总之，成就智慧型教师，唯有深爱教育，不断修炼自己。不仅爱阅读、爱课堂、爱孩子，还要善于反思、会写作，更能坚持，勤于提炼，不断拥有自己的话语权，让自己有思想、有情怀、有温度，才能成就专业路上的可持续发展，真正成为智慧型教师。

第三节 "人工智能＋教育"启动智慧课堂的创新模式

一、微课教学法

（一）微课的概念

微课的全称是"微型网络视频课程"，是指运用信息技术在课程中把教学内容与教学目标有机地联系起来，以产生一种更加紧凑的学习体验。这一概念首先是由David Penrose提出的，他认为只要是在相应的讨论与评价下，微课就能与传统的四十到四十五分钟的教学课程达到相同的效果。目前，随着微课的不断实践和研究，微课已经在我国多所高中被应用并逐步精细化。在实际教学中，这种基于多媒体形式的课程指导，不仅可以使学生更加多元化地接受学习信息，而且更加能体现教师的教学信息化水平和掌控能力。

（二）微课的特点

微课区别于传统教学中的教学资源，它是基于对多媒体和学科知识点而产生的网络课程资源，是为了克服传统教学资源的局限性而发展起来的，目的是使学习者能够进行自主学习从而获得最佳的学习效果，它是传统课堂学习的补充和拓展。微课在实际应用中具有以下特点。

第一，以在线视频为表现形式。微课主要以微型教学视频为主线，包含着与课堂知识相配套的学案、练习、课件、实验、点评、反馈等相关教学资源，并对其进行了"统整"，从而给学生提供了一个真实、开放的资源教学环境。微课提供的丰富资源，一方面，可以使学生通过微视频学习，锻炼他们的思维能力；另一方面，教师也可以利用微课资源来提升自己的教学水平。学生在这种真实情境性的教学环境中更容易开发自己的思维能力，激发对学习的兴趣，提高对学习的热情。

第二，内容短小精悍。微课教学时长一般以5～8分钟为宜，最少的仅1～2分钟，最长不宜超过20分钟，相较于传统的课堂时间，它更符合视觉停留规律。

第三，教学目标单一，主体明确。一个微课的课程就一个主题，或者说一个微课的课程就只讲一个事，相较于传统的课堂教学资源而言，微课的设计、制作均是围绕其主题展开的。

第四，结构独立，容易补充。微课具有半结构化的开放性特点，受时间和地点等外部因素的影响较小，并且能够及时地修改和补充，随着互联网的高速发展，人们已经进入了一个高效性的社会环境中，微课的运用不仅仅是现在社会追求高效学习的产物，也是顺从现代化教育手段，促进教学改革的有力武器。

（三）在高中信息技术教学中"微课"的意义

1. 微课可以有效地解决教学中内容多、学时少的问题

微课可以将知识点录制成一段视频，它可以培养学生自主学习的能力，使学生充分利用业余时间，从不同的渠道来获取学习的资源。

2. 微课可以减少学生之间水平的差异

微课可以将不同难度的知识点进行区分，并且可以将知识点分别进行课程设计和视频制作。微课还可以使学生根据自身的计算机学习情况进行难易选择，这为满足学生个性化的学习需求提供了良好的条件，并且也明确了高中信息技术课程的定位。

3. 微课可以激发学生对计算机课程的学习兴趣

微课通过新的教学方式强调了学生在计算机课程中的主体地位，同时，为增加了教师教学中的趣味性，很好地提高了学生的学习兴趣，调动了学生学习的主观能动性。

（四）微课在高中信息技术课程中的应用

计算机的基础课程涉及Word、Excel、PPT、互联网等诸多内容，是学生学习计算机专业的基础入门课程。在高中信息技术课程中引入微课，可以将计算机教学中的重点、难点作为微课内容，以短小简练的微课演示，变抽象为具体，突出高中信息技术课程中的主体内容，这样能够激发学生的学习兴趣，从而使学生更主动积极地参与高中信息技术课程的学习中来。

1. 微课的制作

在高中信息技术课程中，由于学生学习状态、学习能力以及所掌握的知识量和积极性的不同，所以微课的制作必须以不同的差异为出发点，考虑到这些因素，尽量达到课程的统一，对学生进行全面的提升。制作微课必须保证其简洁精炼，保证每一个教学视频的有效性，切忌繁杂或者将课程分为多个知识点来制作。微课的制作是需要教师通过一定的规划和资料收集的，教师在每次制作视频前，都必须对视频的相关制作进行学习，熟练地掌握制作软件。同时教师要提前准备合适的教学资源，对微课中所要表达的知识点进行全面的了解，将知识点进行难易排序，进行有序制作。教师在制作视频时也要注意视频的质量，不断地对课件进行修改，要保证形式简单，避免产生与传统计算机教学一样的疲惫感。

2. 微课可以带动计算机基础教学的模块化

教师在计算机基础教学中引入微课，可以实现计算机基础教学的模块化，使学生按照模块专题进行学习，在众多的课程知识中准确地把握计算机基础的重点，从而一一突破。教师可以将计算机基础教学中的相关知识点制作成短小精悍的微视频，组织学生进行模块化的学习与探讨，这样可以及时地反馈学生的学习成果，深化学生对计算机基础知识的认知。例如，教师在讲解Excel数据筛选时，由于数据筛选包括高级筛选和自动筛选两方面，所以教师在设计和制作微课时就要根据这两方面来考虑，使学生的学习进入模块化的学习，从而达到更好的学习效果。

3. 微课可以带来计算机的巩固与拓展

在计算机应用基础教学中，教材的编写一直都是坚持主题引导任务驱动的方式，并且每个章节中都有对应的小任务，所以，教师在制作微课视频时可以以章节为中心，深化学生的学习，提升学生的综合能力，并在达成学生既定学习目标的基础上进行有效的拓展思考。例如，教师在讲解幻灯片动画效果的设置时，可以先对学生进行知识引导，使学生掌握该节知识后，制作一个微视频，让学生实操训练，拓展自己的学习方式，将多种动画综合到一个任务中。由于计算机应用基础教学的教材并不涉及复杂动画的设置，所以，教师可以借助微课，为学生学习计算机基础拓展空间，使学生的能力得到显著的提升，在学习中学到新的知识。

4. 构建微课资源

由于高中信息技术课程的重点、难点知识比较多，并且计算机课程又要求学生必须有较强的操作运用性，传统的计算机基础教学课堂已经不能满足学生的个性化学习需求，所以，学生课后的自主学习资源就显得尤为重要。由于微课视频都是有完整并且持续性知识点讲授的，所以，学生可以进行相互性的学习。假设不把微课的视频内容供学生课后使用，就会导致学生学习资源的极大浪费，因此，构建一个具有开放性的微课资源平台对于学生学习计算机基础知识是非常有必要的，不但能够帮助学生进行自主的课后学习，还能对学生起到一定的监督作用，并且有利于教师对学生进行课后指导。

（五）微课在教育领域中的应用及发展

微课在教育领域中具有很大的发展空间。当今社会是一个高速发展的"快餐"社会，特别是对于现在的年轻人来说，在移动互联网的支持下，工作、生活、学习时时刻刻都在发生。就学习来说，它已经不仅仅是在教室才能进行的了，在地铁上，公交车上，哪怕是吃饭都有可能发生学习行为，这得益于互联网和微课。微课的魅力就在于它可以使学习者随时随地、不需要很长的时间就能学会一个知识点，正是这种简便快捷的特点，推动了微课的前进，也可以让其发挥出更大的价值。所以在计算机基础的教学中运用微课这种新的教学模式，能有效地提升学生的学习效率和促进教师专业水平的发展，这是时代的需要，也是教育与现代技术完美结合的体现。

二、大数据分析下的自主分层教学探讨

（一）大数据技术概述

现在所生活的时代被誉为大数据时代，而大数据时代的基本特征就是海量信息充斥着网络，这也为信息的生产与营销传播带来了机遇和挑战。

大数据分析技术和云计算的应用使人们能够从容地置身于信息充斥的大

环境中，在领先技术的强大辅助下，人们可以逐渐对未来社会做出预测，所有东西都可以进行量化和计算。当用户面对某个问题无法下定决心时，智能决策系统会在分析各种措施后，帮助其找出利益最大化的一种。用户的身体健康状况会处在健康监测体系的实时控制之下，同时会将信息发送给医疗人员，人们可以掌握自己的身体健康状况并在发生问题时及时察觉和就诊。对政府机构而言，运用领先的数据分析技术能够更好地掌握大众的信息反馈，对当前的经济走势和社会状况做出科学的判断，在应对自然灾害、疾病蔓延时可以进行准确的量化分析，能够进一步完善政府的服务。对商家来说，运用大数据分析技术，可以进一步掌握用户需求，据此规划商品的生产并进行形式多样化的营销。

大数据是基于计算机信息技术产生的，因此和信息技术学科相联系，无论是在教师教学还是学生学习期间，对其均有着决定性的意义。鉴于大数据技术具备的独特性特征，将其应用在信息技术教学中具有一定的优势。对高中信息技术教学而言，大数据技术的应用关键是合理应用新技术，信息技术教师在教学过程中需要掌握正确的教学方法和教学模式，不然难以产生良好的效果，进而削弱学生的学习兴趣，难以激发学生学习的信心。

大数据的一大特点就是可以根据不同人的需求进行整体的判断与分析，因此，对于高中学生的信息技术学习中的分层教学模式而言，其具有无法替代的优势。它可以对学生的类型、层次、爱好等进行综合处理，从而为信息技术教师采取分层教学提供重要的理论依据。

（二）自主分层教学的意义

分层教学是教师要对不同类型、不同层次的学生，合理地做出规划，制定出不同的教学目标，实施不同的教学方案，它最终目的是提高学生的学习能力，它是在学生现有的知识基础上划分的。随着科技进步和人性化的发展，分层教学受到了越来越多人的重视和关注，并且是全国各学校应用越来越多的一种教学模式。

传统的分层教学的模式通常会因其特点而忽视学生的意愿以及情感的需求。因此，在教学改革之后很多地区的高中信息技术课堂都会采用一种依托于大数据技术的自主分层教学的模式，这种自主分层教学模式在很大程度上将选择权交到了学生的手中，这种做法可以在一定程度上满足学生的个性需求，可以调动学生参与课堂学习的积极性。

（三）基于自主分层教学模式下高中信息技术课堂教学改革的必要性

第一，高中信息技术课堂教学在自主分层教学模式下的改革可以有效改进传统教学模式的一些弊端。在传统的课堂教学中，学生一直处于分层教学的局外，教师很难掌控学生的学习状况，整个教学活动也依然是以教师为主体，并且整个教学都采用"一刀切"的方式，这种方式将会在很大程度上打击学生的自信心，很难激发学生学习的兴趣，也很难让学生参与到教师的教学活动中来，容易让学生产生厌学的心理。相较于传统的分层教学模式，自主分层教学显得与众不同，这种教学模式可以将学生的积极性充分地调动起来，使得教师的"教"与学生的"学"密切地结合起来，并达到良好的互动效果。

第二，运用自主分层的教学模式可以提高高中信息技术教师的教学能力。传统分层教学模式中，教师的作用只是按照学生的考试成绩对学生进行分层，一般是按照学生的成绩将学生分为A、B、C三个等级，这是在教学中最为常见的分层方法。与之相比，在自主分层教学中教师不但是高中信息技术教学中的主要开发者，而且是教学的组织者，在高中信息技术教学中起到非常重要的作用。具体表现为在高中信息技术课堂上，教师把教学的主动权交到了学生的手中，真正让学生成为课堂的主人，让学生根据自己的意愿选择想要学习的信息技术模块。在这个时候，学生的成绩只是帮助学生进行选择的一个工具，而不是一种衡量学生能力的手段。在这种要求下，高中信息技术教师就需要具有非常高的综合素质，要求教师必须具有扎实的专业基础知识，而且要了解当下前沿的知识，并且能够将这些前沿的知识运用到现今的教学中，这就要求高中信息技术教师不断充实自己，只有这样才能真正体现一个教师的价值，才能适应社会的发展要求，才能为祖国培养出高素质的人才。

第三，运用自主分层教学的高中信息技术在教学理念上有着明显的改变，这种改变有利于高中信息技术课实现真正意义上的分层教学。在高中信息技术课堂中，每个学生对于信息技术的认知水平是不同的，这种差异给高中信息技术的基础教学带来非常大的困难。所以，在高中信息技术课堂中，教师需要设计不同类型的教学内容，只有这样才能使每个学生在课堂上都有所收获。

（四）基于自主分层教学下的高中信息技术课堂教学创新的策略

1. 课程导入

自主分层教学模式是一种新型的教学模式，国内的很多教师对此都比较陌生，更何况是学生？因此，教师在实施此项教学模式之前，应该在学生之间进行调查，看看学生有哪些疑问，以便在上课时对学生的疑问做出解答。调查问卷的问题应该包括：学生应该对哪些高中信息技术教学内容进行课前预习？在课堂上课的时候如果遇到问题该怎么办？这些问题不仅会帮助学生解决一些问题，而且会帮助教师解决一些问题，让双方都可以更加清楚地了解自主分层教学。以上这些都可以作为教师的课堂导入，一个良好的课堂导入将会决定整个教学活动的成效。所以教师在进行课堂导入的时候不仅要对自主分层教学进行介绍，还要对整个课堂所要完成的教学目标、教学内容、教学方式等进行介绍，这将让学生更加明确开展自主分层教学的意义。

2. 构建不同类型的单元化知识点学习内容模式

教师在对高中信息技术课进行自主分层教学时，需要明确该课的教学目标、教学内容以及教学知识点。与此同时，教师需要将本节课讲授的知识点进行细化，这将更有利于学生的理解，此外，在教学的过程中教师需要让学生清楚教学目标、个人的学习目标，以及需要掌握的知识点。在本节课结束前，教师需要总结知识点，帮助学生对知识点进行回顾，这种方式将会取得良好的学习效果。

3. 建立个性化的学习评价

自主分层教学是一个多层次的学习过程，在整个教学过程中教师不仅需要对教学理念、教学内容进行改革，还需要改革教学评价。在自主分层教学中，学生的成绩不是靠考试决定的，而是靠一种个性化的考评方式，如课堂提问、线上+线下学生的表现、学生的出勤、理论知识的成绩、上机操作的成绩，这种个性化的考核方式将在很大程度上调动学生学习的积极性。

在高中信息技术教学中，教师在针对不同学生进行合理分层之后，应结合学生现有的计算机水平及操作能力，按照"最近发展区"的理论依据，让学生在现有的发展水平基础上获得提高，建立更好的"最近发展区"。相反，在传统的班级教学中，有一部分学生已经掌握了教师的授课内容，就会觉得课堂非常无聊，从而直接或间接地影响课堂秩序以及其他学生的课堂学习兴趣。

分层教学有利于教师开展教学。在整个高中信息技术教学中，分层教学是一种新的教学模式，教师针对不同层次的学生设计不同的教学体系，使用不同的教学策略，从而有效地开展各个层次的高中信息技术教学，这极大地锻炼了教师的组织调控能力，更加有利于教学有效地开展。由此可见，合理地采用分层教学可以使所有的学生都能在计算机基础这门课程中取得不同程度的成功，从而解决了学生层次不统一、差别大的情况。

（五）大数据背景下分层分类教学法在高中信息技术基础教学中的必要性

1. 高中信息技术基础分层分类教学法适应社会的发展需求

学生的计算机基础水平参差不齐，学生之间的差距也在逐渐增大。学生从质量上就发生了变化，所以传统的教学模式也要随之发生变化，以适应当前社会发展对人才质量的要求，以适应社会的发展需求。随着科技时代的快速发展，社会对复合型的计算机人才的应用能力的要求也越来越高，所以高中信息技术课程就起着普及计算机知识和推广计算机应用的重要作用。培养学生的计算机操作技能，培养他们的计算机应用能力，就显得尤为重要。在高中信息技术基础教学中采用分层分类的教学模式可以使学生在校期间能够根据自己的自身情况尽可能地学习到更多的计算机知识，从而使学生能够提升自己的计算机应用能力，在毕业找工作时能够受到用人单位的青睐，因此，在高中信息技术基础教学中采用分层分类教学法是十分必要的。

2. 高中信息技术基础分层分类教学法符合教学规律

在高中信息技术基础教学中，分层分类教学是指教师根据学生掌握计算机知识的水平进行划分的，教师要有针对性地根据不同层次、不同类别的学生进行分段式教学，学生也可以根据自己的水平学到更多适合自己的计算机知识，各个层次、各个类别的学生都可以根据自身的学习情况得到更好的提高和发展，所以，分层分类教学法是符合教学的规律的，能使学生得到适合自身发展的良好教育。

3. 高中信息技术基础分层分类教学法有利于学生确定学习目标

在高中信息技术基础教学中，分层分类教学可以根据不同的层次、不同的类别、不同的水平的学生掌握计算机知识的程度、对计算机的操作能力以及对新知识的接受能力，合理地制定教学目标，引导学生在自身的发展能力范围内不断地进步，逐步提高自己的计算机基础知识和能力。在分层分类教学中，学生可以根据自己的情况，选择自己能接受的知识难度进行学习目标的设定，也可以跟水平相近的同学一起学习，从而达到共同的学习目标。

三、使用网络学习平台的任务驱动教学模式

从广泛的意义上来讲，网络学习平台是一种供学生自学、教学辅导、员工培训、师生交流、网上练习与测试的信息服务支持系统，它提供的是一种比线下更为丰富的教学辅导服务，这种服务既可以是实时的（如直播），也可以是非实时的（如录播），可以让学习者根据自己的实际需求选择服务种类，最大限度地为学习者提供便捷服务。

我们这里所说的网络学习平台指的是专门针对学生而开设的线上学习平台，这种平台可以更好地促进学校教学效率的提高，保障教学工作更快、更好、更高效地进行。例如，信息技术教师在进行新的课程教学前，可以先给学生布置预习任务，让学生在网络学习平台自主学习，并做相应地训练或检测，教师通过远端设备进行检查、验证，从而更好地掌握学生的学习能力和水平，便于进一步展开具有针对性的教学。下面我们就基于网络学习平台的任务驱动教学模式进行相应的研究。

（一）"任务驱动"教学模式的含义

"任务驱动"教学模式是一种全新的教学模式，并且它是一种教与学相结合的方式，这种教学模式为学生提供进行体验的情境，学生可以在这个情境中获得学习的需求和情感的满足。在整个"任务驱动"教学模式中，师生主要以某个学习任务为中心开展信息技术课程的学习，并以任务完成的结果来检验学生学习的情况，这种教学模式在很大程度上改变了学生的学习状态，同时使学生能够自主建构与计算机相关的学习体系。

（二）"任务驱动"教学模式的理论来源

"任务驱动"教学模式的理论源于建构主义，所以在这里我们需要对建构主义进行简单的介绍。建构主义是一种关于知识和学习的理论，它认为个体是从以往的经验中建构知识。它告诉人们如何学习知识，并帮助学生在学习过程

中发现规则，建构主义对于知识的建构有着广泛的理论基础。相关研究表明，知识是由学习者积极参与各种活动构成的。建构主义的最早提出者可追溯至让·皮亚杰的理论基础上提出的。皮亚杰强调团队合作过程的建设性，这是他作品中最重要的部分之一。他建议个体通过适应和同化的方式，从先前的知识中建构新的知识。同化意味着个体在不改变现有知识结构的情况下吸收新的信息。当个人的经验与他们对世界的内在表现相一致时，就可能发生同化情况，适应是指重建学习者的外部世界形象以适应新知识的过程。

建构主义认为知识是个人所建构的，还解释了个体对知识的学习和获取，以及不同个体如何在认知心理学的基础上建构知识。个人是给定信息和知识的主动处理者，在自己的经验、与他人的交流以及在他们所处的环境的帮助下建立和重建对世界的理解。皮亚杰的建构主义学习理论对教学方法和学习理论有着广泛的影响，是许多教育改革的潜在课题。福斯托将建构主义视为"关于知识和学习的理论"，即知识是由个人通过其经验和社会活动来建构的。它显示了一个以学习者为中心的环境，在这个环境中，知识和知识的生成是互动和协作的。在学习过程中，学习者主动获取新的信息和知识，将新的信息与旧的信息结合起来，拓宽自己的知识结构。皮亚杰认为，知识的获取是一个不断自我建构的过程，这意味着知识需要由学习者自己发现、发明和再创造，他们学习知识，通过与周围环境的互动和自己的经验来发展知识，因此，学习者可以感知环境后通过自己的行为来掌握知识。更重要的是，这些行为是积极的、有意义的，而不是随机的和盲目的，有人认为皮亚杰是激进的建构主义的起源。在过去的几个世纪里，人们认为儿童的游戏和行为是随机的和无目的的，但是皮亚杰不同意这些传统的观点，他认为儿童的游戏和行为是他们认知发展的重要组成部分，他还提供了科学证据。

一些建构主义学者认为，学习是一个积极的过程，学习者应该学会自己找出原则和事实，这将有利于学生联想和直觉思维的培养。事实上，对于社会建构主义者来说，现实并不是人们能够发现的东西，因为它在社会文明之前并不存在，他们认为现实是由人类自己的活动和经验构成的。综上所述，人们会发现"任务驱动"教学模式主要采用了让学生的学习活动必须与任务或问题相结合，以探索问题来引导和维持学习者的学习兴趣和动机，并在此基础上创建一个真实的教学环境，让学生带着真实的任务去开展计算机学习，让学生真正拥有学习的主动权。

（三）基于"任务驱动"教学模式的高中信息技术课堂教学

1. 高中信息技术"任务驱动"教学模式的利好

（1）课堂教学有明确的学习目标

计算机课堂教学的主要目标是训练学生了解计算机学科知识以及培养科学的文化精神，但是这种技能不是一朝一夕就能掌握的，而是需要通过大量的课内练习才能实现，同时不是教师在课堂上进行讲解学生就可以完全听懂的事情。因此在高中信息技术教学过程中，教师需要针对学生的特点选择不同类型的教学方法，并且所选择的教学方法需要符合学生当前的认知水平。"任务驱动"型的计算机学习需要学生明确高中信息技术学习的目标，同时在教学过程中教师需要注重实际生活场景的运用，倡导形成和谐的学习氛围。在高中信息技术教学中，教师需要为学生营造一个适合进行计算机学习的环境，在这个环境中学生可以顺利地完成教学任务与活动。这是因为课堂中的任务与活动都是围绕着课堂的教学目标来开展的，只有围绕着明确的学习目标，才会使整个教学活动顺利进行，使学生在不知不觉中提高自身的认知水平。

（2）任务的设置可以灵活调整

高中信息技术教学本身具有非常强的灵活性和示范性，高中信息技术教学主要运用真实的教学用具进行授课，这在一定程度上改变了传统的授课模式，同时真实的教学用具还会对学生产生一定的吸引力。但是，如果在教学中教师只是将这些教具拿来而不进行真正的演练，这将会在很大程度上打消学生的上课积极性，甚至会使学生产生厌烦的感觉。在"任务驱动"式的计算机教学中，教师可以设置不同类型的教学活动，并且这些教学活动的难易程度可以进行适当的调节，这可以让学生在教学过程中顺利地完成教学任务，将会提升学生的学习兴趣。其灵活性是指教师在选择计算机教学的时候要灵活多变，不应该只局限于某种类型的活动，计算机教学活动的选择需要针对各个阶段学生的不同特点来进行。

同时，教师可以指导学生灵活运用多个网络学习平台，如答疑类（小猿搜题等）、题库测评类（魔方格等）、网校类（学而思网校等）、学科平台（中学学科网等）；可以在组织学生自主学习或探究学习、课堂教学时使用网络学习平台；灵活运用学习平台中的多种功能，如寻找课程资源、测验、查找疑难问题的答案等。要知道，网络学习平台是特别适合支撑任务驱动教学模式的，因此高中信息技术教师在开展教学活动时一定要将二者紧密结合，从而提高教育教学的质量。

（3）突出学生的主体参与性

在传统的教学模式中，课堂活动是以教师为中心，学生的主动参与性非常差，课堂活动也相对比较少，学生在课堂上只能被动地接受教师所传授的内容，教学效果不显著。"任务驱动"教学法的核心是以学生为中心，学生是课堂活动的主体，所以在实际的教学中教师需要激发学生参与的积极性。同时，学生可以自己完成的任务，教师一定不要过多参与，只有把学生置于任务活动的中心位置，才能充分发挥其个体的能动性，才能激发学生对计算机的兴趣，才能最大限度地提高学生的知识水平。

2. 高中信息技术"任务驱动"教学模式的实施阶段

（1）"任务驱动"实施前的准备阶段

准备阶段分为教师进行计算机教学设计和学生的知识热身。教师计算机教学设计包括学生计算机能力水平的分析、计算机教学活动的选取、计算机任务的设计、计算机任务的评估方式、计算机策略训练等，学生的知识热身主要是查找并熟悉与计算机任务相关的背景知识。教师开展计算机教学设计主要遵循以下几个原则：

第一，多样性原则。多样化的设计不仅能满足学生的学习兴趣，也能提升学生开展计算机任务的能力。在实际教学中，学生计算机能力参差不齐，这也是任务设计多样化的重要因素之一，因为只有这样才能满足不同学生的学习需求。

第二，代表性原则。在高中信息技术教学中，计算机教师设计的任务能够使学生从中受到启发并且开阔他们的视野，在潜移默化中获得思考问题的角度和学习方法。

第三，实用价值性原则。在高中信息技术教学中，教师教学任务的设计需要符合学生现阶段的发展情况，最好是从学生的日常生活中去寻找材料，寻找那些与计算机相关的任务。同时，教师在找寻材料的时候需要注意这个材料要有实用性的价值，只有这样才能让学生把学习到的知识运用到实际的生活中。

第四，任务难度适中原则。教师在进行课程的任务设计时既不能过于困难，也不能过于简单。任务的难度太高，就会导致大部分的学生难以理解和接受，不仅不会收获预期的教学效果，还会导致大部分的学生对以后的学习内容"望而生畏"。如果设计的案例和任务过于简单，一方面会影响到学习较好学生的积极性和热情，另一方面也会降低教师的教学质量而不能达到学生的学习目的。

第五，任务设计的综合应用性原则。在高中信息技术教学过程中，教师应帮助学生把已掌握的计算机知识和即将学习的计算机知识相融合。综合性的任务目标不仅能让学生对新旧知识融会贯通，而且能进一步提高学生举一反三的综合能力。

第六，任务的设计要有可行性原则。在实际的高中信息技术教学中，教师要从学生日常生活中的实际出发，结合教学案例，布置学生比较熟悉和感兴趣的任务，这样才能更好地激发学生的主观能动性，引导学生进行自主学习，事半功倍。

（2）"任务驱动"模式的实施阶段

实施阶段包括任务的实施计划、具体实施和实施报告三个环节。高中信息技术"任务驱动"教学要尽量让学生在课堂教学之初就明确要完成的计算机活动任务，然后在任务的驱动下去获取计算机信息，并进行计算机技能训练，始终使学生处于需要完成的任务情景氛围中，这样有助于强化学习动机和动力。因此，实施计划应始终以"任务"为核心，教师可布置学生参与以下任务：讨论与计算机活动相关话题的任务、对计算机活动进行复述的任务以及以两人或多人一组展开计算机任务。

在做任务实施计划时，教师应围绕学生的整体情况来设计教学任务，兼顾难易度、任务的可操作性、真实交际性、趣味性。同时，任务驱动下的计算机教学不再是让学生被动地听教师讲授课程。"任务驱动"教学法采取参与、体验、互动、交流、合作的学习方式，让学生在多种学习模式的实践中感知、理解并应用计算机知识。

在任务完成之后，教师应当注重学生计算机知识的实际操作技能，留给学生充足的实际操作时间，使其在实践中结合自己的知识，查阅相关的资料，并运用自己的技能完成任务。当学生在实际操作中遇到重点、难点时，教师应及时给予学生正确的引导使其能独立地完成学习任务，培养学生独立思考和自主探索的能力。

（3）"任务驱动"实施后的反思阶段

在实际的计算机教学中，学生在完成相关任务之后都会想要向他人进行成果的展示，这个时候教师为了充分调动学生学习的积极性，就需要以一定的组织规则对学生的成果进行归纳总结。值得注意的是，在这个过程中，教师需要对每个学生的任务成果进行点评，点评需要依据客观事实。与此同时，教师如果想要让点评的结果被学生接受，就需要将教师点评和学生的点评相结合，使学生通过别人或自己进行查缺补漏、取长补短。对于任务中部分的重点与难点，学生应当反馈给教师，然后教师进行重新讲解，使学习能力和实际应用水平较差的学生能够跟上教学的进度，同时使其他同学加深一下记忆。

在"任务驱动"的反思阶段，部分学生都已经完成了教师布置的任务，掌握了需要学习的相关知识点。但是，由于学生的水平和层次不同，难免存在学生基础知识和应用能力的差异问题，从而导致学生两极分化或者对某些教学知识点存在疏漏的情况，这时就需要教师在教学过程中，注意收集一些学生的情况以及与学生共同遇到的一些问题，梳理其中的重点与难点，使学生全面地掌握教师讲解的知识点，巩固其自身的应用能力。

3. 高中信息技术"任务驱动"教学的策略

（1）注重学生分组方法，提高教学效率

对学生进行分组的教学训练，将会使高中信息技术教学的单位变小，"任务驱动"型计算机教学提倡将学生进行分组，这是因为一个班级内部学生的整体水平是有差异的，这就会使教师很难把控一个班级内部的教学质量。而分组教学就很好地弥补了一个班级内集体教学的弊端。在真正的分组教学中，教师可以在每个小组中设置小组长，这样小组内的秩序将会得到很大程度的保证，也可以有效保证每个学生都参与到课堂活动中。另外，小组内部的通力合作，将会使小组内每个成员的水平都得到提高。

（2）注意高中信息技术教学的阶段性

教师在开展高中信息技术教学的时候，就需要先对学生的情况有一个大致的了解，从而对学生开展有针对性的教学。学生在"任务驱动"模式下进行计算机的学习，大致可以分为5个阶段。在第一个学习阶段，学生需要先熟悉计算机教学的任务，这个时候学生对这些内容没有丝毫的理解。因此，在这一阶段教师需要鼓励学生多交流、多搜集资料，通过多看、多讨论熟悉整个任务的阶段性流程，并使学生在这个阶段上产生对该任务或活动的兴趣。在第二个学习阶段，学生需要从任务中获取与本节课有关的知识内容，这个阶段学生们将会养成自主学习的习惯。在第三个学习阶段，学生可以从教学任务中找出与本节课有直接关系的内容或关键点，并通过这些内容和关键点了解整节课所要讲述的大致内容，在这个阶段教师需要注意培养学生的逻辑能力、对内容的整合能力。在第四个学习阶段，学生需要明确本节课所要讲述的内容，并对所要讲述的内容有一个大致的了解，在这一阶段，学生往往会对将要讲述的知识有一个模糊的印象，所以教师在这个时候需要对一些模糊的知识内容进行详细的讲解，突破学生原有的印象。在第五个学习阶段，学生能听懂所谈的内容。当然，即使"任务驱动"式教学已达到第五阶段，但随着题材、内容的变化，学生往往会回到第三、四阶段，因此教师要想使学生在大多数的教学环境下都能达到第五阶段的要求，就需要不断帮助学生吸收和消化教学内容。

第三章 | 03
高中信息技术课堂的语言智慧

第一节　高中信息技术课堂语言的要求

一、响度适中，清晰连贯

教师要把自己的课堂语言的音调和音强控制在适当的程度，即让整个教室内的学生，从第一排到最后一排的每一角落都能听清楚，而且感到舒适，不费力，不刺耳。这是课堂语言表述的最基本的功夫。教师的课堂语言表述声音过高、过大或过于尖细，不仅会使学生感到刺耳，也会造成学生听觉疲劳，长此以往，教师的声带也会被损伤。课堂语言表述音量过小，后排的学生听起来会很费力或听不清楚，直接影响教学效果。课堂语言表述的响度要根据教室大小、学生的人数多少、门窗的开关、室内外噪音大小等因素而定。教师要寻找适中的表述响度，把每一句话都清清楚楚地送到每一个学生耳中，并使每一个学生听起来都感到舒服。语言与响度也由教师自身的语言特点决定。有的教师，特别是女教师声音过低、过小，学生在后边听不见，这样的教师必须在课堂教学中提高声音的响度；有的教师声音过于响亮（以男教师居多），这样的教师在教学中要适当控制自己语音的响度，能使后排听见即可，不要形成"课堂"噪音，使师生都很疲惫。教师要做到这一点，必须学会下面三种技巧。

（一）有控制的胸腹联合呼吸法

这种呼吸方法的主要特征如下：

第一，吸气肌肉群持续工作。吸气肌肉群不但在吸气过程中要工作，而且在呼气过程中还要继续工作，这就收到了控制气息外流的效果。

第二，扩大胸腔容积。单靠肺部自身的力量，是不能改变肺的容量的。肺在胸腔内随着胸腔的扩张而扩张，随着胸腔的收缩而收缩。当深吸气把气送到肺底部时，肋骨向上向外扩张，增大胸腔的前后左右径，同时横膈下降，胸腔容量就会扩大。

第三，控制气息。利用吸气肌肉群的力量，小腹自然内收，拉住气息，不使其迅速外流，这就是气息的控制。小腹自然收缩，就是呼气的同时，腹部肌肉的中心位置"丹田"（脐下两三指间）收缩。集中丹田的目的，是在呼气时不让肋肌和横膈迅速回复原位，以达到控制气息的目的。

第四，采用有控制的胸腹联合呼吸法。吸气时，两肩放松，胸稍内含，两肋打开，横膈下降，小腹微收，要让气往下沉，吸足、吸满，使胸腔和大腹同时向外扩展鼓起，而小腹则应该向后退缩，使胸腔的容积逐渐增大，从而吸入大量的气。同时，利用小腹收缩的力量控制住气息，使之不外流。

正确地运用有控制的胸腹联合呼吸法，吸气深、气量足，横膈膜下压后，成为"气柱"的支撑点，这就使发声有了较雄厚的根基，声音就有了立体感。由于底气充足，小腹有效地控制了排出的气息，使声、气形成自然的平衡，音质就会富有美感。教师必须学会这种呼吸的方法，才能保证课堂语言的优美和清脆、甜润。

（二）小口换气

当说一句较长的话时，教师可以在气息停顿的地方急速吸进一小口气，或在吐完前一个字时不露痕迹地带回一点气来，以克服底气的不足。这种只吸不呼的换气方法，叫小口换气，也叫"偷气""补气"。用这种方式换气，气口的选择要以不妨碍语意表达、不割裂语法结构为原则。用这种方式"补气"，一是动作快，小腹一收，两肋一张，口鼻吸气，迅速补足；二是轻松自然，不露痕迹，做到字断气不断。教师在教学中常常要连续说许多话，这期间必须学会小口换气，才能保证语言顺畅、流利。

（三）共鸣控制

教师为了加大音量，美化音色，必须掌握共鸣控制，只有这样，才能使发音不费力气，而且声音优美，变化自如。在日常生活中，人们无意识取得的共鸣，远不能满足主要靠口头语言工作的教师的特殊需要，因此，教师就需要有意识地取得共鸣，采取口腔为主，鼻腔、头腔、胸腔共鸣的发音方法。

1. 高音共鸣区

高音共鸣区是指硬腭、软腭以上的部分，它可以使声音高亢、响亮。在发鼻音时，软腭下降，阻塞口腔通道，声音全部由鼻腔透出；在发鼻音时，软腭下降，声音分两路，一先一后从口腔和鼻腔通过。但在发非鼻音时，可用略提软腭靠近后咽壁的方法，使发出的声音微带鼻腔共鸣，这样共鸣效果最佳，发音也省力。但如果发非鼻音时，鼻腔共鸣过量，就会声音发飘、不庄重、不严肃，或男声女气，或尖锐刺耳。

2. 中音共鸣区

中音共鸣区是指硬腭以下、胸腔以上各共鸣腔体，它能使声音带有丰满、圆润、庄重的色彩。教师在运用这种共鸣时，口腔要自然打开，并保持一定的张力，使口腔壁、咽腔壁的肌肉处于积极状态，笑肌提起，下颚自然放下，上颚有上提的感觉。这样，声带发出的声波随着气流的推进，离开咽喉流畅向前，在口腔的前上部引起振动，形成共鸣的效果。

3. 低音共鸣区

低音共鸣区单指胸腔，它可以使声音浑厚、低沉。胸腔的天然振动频率，对声带发出的原音起共鸣作用。发音时，胸部放松，颈部自然，吸气不要过满，否则容易僵硬，不利于胸腔调节。教师要注意，胸腔共鸣过多，会使声音发闷，影响清晰度，不明朗；过少，则声音显得单薄、漂浮。教师课堂语言中，高音共鸣和低音共鸣用得不多，使用最多的是中音共鸣。

二、语速适度，情感饱满

教师教学的特点决定了教师课堂语言的表述，既要区别于日常的会话，又要区别于大会发言，它必须顺畅，还要具有丰富的内涵，能够对事物做出合理的判断和解释。因此，语速要依据内容的需要有所变化，但不能超过一定的度。如果语速过快，发送信息的频率过高，就会使学生没有反应和思考的时间，直接影响学生课堂内信息的获取和处理，造成信息遗漏和"堆积"，减弱接收和储存信息的能力。如果语速过慢，单位时间传递的信息量少，与学生大脑对信息的处理速度脱节，就会导致学生精力涣散，使学生厌倦和疲惫，昏昏欲睡。教师课堂语言最恰当的语言流量为每分钟200~300个音节。同时，课堂语言语速还要受下列三个因素影响。

一是受听话者年龄因素的制约。年龄不同，生理、心理发育状况就不同。所以，教师给不同年级学生上课，语速应该有所差别。

二是受说话内容因素制约。一般来讲，浅显易懂的内容的表达语速快于艰深复杂的内容的表达语速，描摹叙述的内容的语速快于分析讲解的内容的语速。表达不同的感情，创造不同的情节的叙述，语速可急迫一些；表达高昂激动的情绪，语速较快；表达凝重、深沉的感情，语速较慢。

三是受空间环境因素制约。不同的空间环境，语速应该有所不同。例如，场面混乱时，如果语速过快，反而会影响听话人的情绪。

教师要做到语速适度，情感饱满，必须掌握以下几种语气，才能很好地控制语速。

表达"爱"的语气：气息徐缓，出声柔和。说话时，发音器官宽松，用声自如，以鼻腔共鸣为主，出语轻软，使人感到温和而又亲切。

表达"恨"的语气：气息短促，出声生硬。说话时，发音器官紧张，因气猛而多阻塞，有使人受到威胁、受到挤压之感。

表达"怒"的语气：气息粗而出声重，说话时，发音器官力度加大，气息纵放不收，语势迅猛，使人感到震动。

表达"喜"的语气：气息满而出声甜润，说话时，发音器官松弛，气息畅通无阻，激情洋溢，使人有兴奋、喜悦之感。

表达"悲"的语气：气息沉而出声轻缓，说话时，发音器官紧松失调，气息于先而出声于后，郁闷沉静，给人以沉重之感。

除此以外，教师还要掌握以下几种语调。

高升调：调子由平升到高，即前平后高，句尾上升，常用来表示疑问、反问、愤怒、呼唤、号召、鼓动、申斥等。例如：教室有人吗？（疑问）王老师！（呼唤）

降抑调：调子先平后降，即前高后低，句尾下降，常用来表示感叹、请求、赞扬、自信等。例如：还是让我去吧。（请求）你学得真好。（赞扬）

平直调：调子始终保持同样的高低，前后均衡，平直舒缓，常用来表示庄重、严肃、压抑、悲痛等。例如：人民英雄纪念碑矗立在天安门广场。（庄

重）我总觉得对不起你。（压抑）

曲折调：调子升高再降，或降低再生，高低起伏，曲折变化，常用来表示讽刺、惊讶、暗示等。例如：啊，竟有这种事？（惊讶）你会明白的。（暗示）

三、节奏明快，抑扬有致

课堂语言的表述节奏一般是指语流中的字调、词调、句调、语调的高低起伏变化，语句间逻辑停顿和意义停顿，语速的快慢等。教学节奏决定课堂语言表达速度的快与慢，语调的高与低，结构的疏与密，情感的急与缓，音量的大与小的"和谐统一"。明晰流畅的语言节奏能够拨动学生的心弦，语调的起伏变化、抑扬顿挫有利于更好地表达情感和内容。课堂语言可以和风细雨、舒缓温和、娓娓动听，也可以慷慨激昂、铿锵有力、激流奔涌。但不论怎样表述，都不要节奏呆板、平铺直叙、老气横秋，让学生感到枯燥。教师在教学结束时，一般还要设计出或余音绕梁、或豪情激荡、或充满哲理的结尾，使教学节奏在高潮处戛然而止，给学生留下一个可供探索的空间，激发其继续探索的欲望。教师要努力使课堂语言节奏明快、抑扬顿挫，努力掌握气息控制的技巧，强化课堂语言的声音的亮度、力度、清晰度，使音色变得甜润、优美，嗓音持久不衰。要做到这一点，教师必须训练自己有控制的胸腹联合呼吸，避免单一的呼吸形式，否则的话不仅声音难听，对嗓子也会有所损害。

第二节　高中信息技术课堂语言的主题

一、导语

（一）导语的功能

导语，就是教师在一节课开始时要讲的话，也有人叫它开始语或起始语。教师在上课前，需要根据本节课的教学内容、教材特点、学习目标、教学策略，经过精心准备和设计的教学语言。导语用在一节课的开始，它具有以下几方面的功能。

1.激发兴趣

新课程改革倡导自主学习、探究学习，这两种学习方式都依靠学生学习的内动力完成，是变"要我学"为"我要学"之后才能实现的学习方式。而内趋力的形成除了对知识的需求、对成功的渴望之外，最重要的是对学习产生浓厚的兴趣。兴趣是最好的老师，要想使学生迅速将注意力集中到学习内容上来，就必须依靠导语。教师精妙的导语设计不仅能使学生集中精力上课，还能使学生对学习内容产生强烈的期待。

2.诱发思考

新课程改革倡导自主学习与探究学习，无论哪一种学习方式都以思考作为前提，在提出问题、解决问题、再提出问题、再解决问题的反复循环中完成学习任务，而每一次循环都会使问题研究得更加深入。没有思考，则没有学习。因此，教师在每节课的开始，就应该利用精心设计的导语激起学生的思考热情，调动起学生提出问题的积极性，引发学生不断地体验质疑和体验质疑带来的乐趣。好的导语，通过巧谈疑点、布置悬念，可以点燃学生思考的火苗，为一节课的成功打下良好的基础。

3. 承上启下

无论哪门学科的教材，从教材的编写体系上看，单元之间、课与课之间、节与节之间，都存在着密切的内在联系。教师在上课时，根据新旧知识之间的内在联系，设计导语，为新旧知识的过渡架起一座桥梁，既顺理成章地完成导入新课的任务，又使新旧知识之间具有连贯性和整体性。教师在上课时常常会用到这种承上启下的导语，好处是既复习了旧知识，又开始了新知识的学习，省时省事，经济实惠。"承上"之"上"可以是上节课的内容，也可以是前一单元的内容，甚至可以是在本学期本节课之前所学的所有内容。"启下"之"下"一般指本节课正要学习的和近期将要学习的内容。

4. 突出重点

任何一节课都有学习重点，有时学习重点也是本节课要学习的目标。教师在上课伊始，一盏"红灯"高挂，开门见山，直奔主题地把本节课的学习目标抛给学生，让学生沿着目标实现的方向做不同层次的"赛跑"。导语的突出重点的属性使教师非常注重导语的设计，特别是这种直来直去的导语。

（二）导语的要求

导语要做到"导而弗牵"。导，就是引发、引导、开导，而不是搀扶，更不是代替。也就是说，上课开始，教师寥寥数语，要能激发学生强烈的求知欲，使学生把握住学习目标。导语是开讲的一门艺术。教师上课时的导语应符合如下要求。

1. 激发学生的学习兴趣

兴趣是情感的体现，能促使动机的产生；动机则是直接推动学生进行学习的内在动力。善导的教师，在教学之始，总是千方百计地诱发学生的这种学习兴趣。

2. 稳定学生的学习情绪

课堂教学的导语，犹如乐曲的引子、戏剧的序幕，常常有酝酿情绪、集中注意力、渗透主题、导入情境的作用，因而，能使学生的情绪迅速安定下来，把全部心思集中到学习中来。

3. 帮助学生把握学习目标

导语常常渗透了教师讲课的目标，或者设疑，或者暗示，或者提纲挈领，方式不同，但总的目的是使学生尽快从宏观上把握学习目标，调动学生学习的主动性。

4. 沟通情感

课堂上学生思维活动在很大的程度上依赖于其心理状态，而这种心理状态又在很大程度上依存于师生双边活动的心理相容。教师要以导语的方式，沟通师生之间的情感，达到心理相容的目的。

二、提问语

（一）提问语的功能

高中信息技术课堂要求转变学生传统的接受式的学习方式，将学生从学习的边缘地带拉回到学习的中心地带，倡导自主式、合作式、探究式的学习方式，使学生不仅学会学习，而且学会自我发展。这就要求教师必须时刻以启发式的语言引导和推进学生的学习进程，培养学生发现问题、提出问题、解决问题的学习习惯，因此教学过程中的提问显得尤为重要。提问是教师根据教学要求和学生学习过程中的表现提出问题，或启发学生的思维，或调整学生的学习方法，或引导学生深入钻研，或为学生树立学习的新目标。它是教学中教师实施教学策略的主要手段之一。成功的教师都十分重视提问，并在实践中不断探索提问的技巧和提问的规律，可以这样说，善教者善问；反之，不善问者亦不善教。好的问题可以激发学生思维的积极性，吸引学生的注意力，活跃学习氛围，反馈已学信息，调节教学结果，促进教学效果提高。

提问语具有如下的功能：

1. 激发创新思维

《基础教育课程改革纲要（试行）》对教材提出了要培养学生实践能力与创新精神的要求，教材也给师生留下了足够的创新空间，创新能力的培养、形成及发展成为新教材的重要任务。创新能力的核心是创新思维，创新思维的发展决定着学生创新能力的形成。提问能激发学生创新思维，引导学生的思维向更深、更广、更新的方向发展。好的提问就如指明思维方向的灯塔，能够引导学生开阔视野，想他人未想之事，做他人未做之事，养成善于思考和求异思考的好习惯。

2. 引导启发

学生在学习过程中遇到的最大问题是不知该朝哪个方向思考和研究，也就是学习思路堵塞问题。教师的提问语会起到引导与启发的作用，使遇到的难题得到解决，使没有思路的学生打开思维的突破口并在教师的问题的引导下沿着较为科学的方向发展，使思路开阔，从而完成学习任务。

3. 信息反馈

学生在课堂学习和生活中，特别是课堂学习中获得的信息有很多储存在大脑中，教师的提问会引发学生已储存的信息的反馈，使教师及时掌握学生所学内容，并通过提问检验学生的学习效果，做出及时的补救和拓展。强化学生信息反馈的最好办法就是教师的提问，提问也是教师了解和掌握学生学习情况的重要途径。教师在上课时，只有不断地向学生提问，才能够及时地了解学生的学习情况，了解学生对学习资源的理解和使用情况，以便及时调整教学策略和教学手段，及时地对个别学生进行不同层次的教学，使所有学生都能够在本节课的学习中得到满足。

（二）提问语的要求

几乎所有的有效提问都是经过精心设计的，都是教师学识与智慧的结晶。教师上课时的提问语应符合如下要求。

1. 提问要设置在教学的关键处

教师教学中的提问一定要问在点子上，问得有理，问得恰当，问得有力量。例如，语文课，课文中极具表现力的细节、文眼；数学课中的原理、定律、公式；操作课中的技法、动作、要领等。这些都是提问的关键处，在这些地方设计提问常常能起到"牵一发而动全身"的作用。

2. 要在学生理解教材的疑难处设问

因为各种原因，学生常常出现理解教材的困惑与疏略，这就需要教师用提问的方式，由易到难，由此及彼，层层提问，步步引导，促使学生思路开阔，明辨是非。

3. 要选好提问的角度

上海特级教师钱梦龙特别说到了提问的角度。他说：同一个问题，就有"直问"和"曲问"的区别。"直问"者，死问也，问得过于真实，直来直去，启发性不强；"曲问"者，活问也，问题每拐个弯，学生就要多动一下脑子才能作答，因而较能活跃学生的思维。教师在课堂上的提问一定要选好提问的角度。

三、讲析语

（一）讲析语的功能

"讲"的能力是教师的基本功。可是不知从什么时候起，我们的教师开始对"讲"忌讳了，甚至，有的教师把"少讲"或"不讲"视为平时教学的一个原则。特别是观摩课、示范课、评比课，执教者更是千方百计地追求"少讲""不讲"，一味地让"学生讲"，让"学生活动"，似乎这样便能使课堂"优质"起来，便能告别"填鸭式""满堂灌"。评价课程的教师更是将教师"讲"的多少和学生"讲"的多少作为评判一堂课优劣的标准之一。更有人士动辄拿"学生没有成为学习的主体"问罪于"讲"的教师。新课程标准提倡三种学习方式，自主学习、合作学习、探究学习，但绝不否认教师"讲"的作用，教师在课堂的"讲"依然是教学不可缺少的手段。只让学生自学、感悟而没有教师画龙点睛地"讲"，没有教师缜密的思维和优美的语言在课堂内的展现，这堂课无论如何缺少了一些精彩，学生的心灵世界也一定会因此而缺少一抹阳光。

讲析语的功能如下：

1. 阐述观点

讲析是教师阐述观点的重要手段，是师生对文本的个性化诠释，更是师生对教学资源的认识的交流过程。讲析不仅能够使教师精湛的语言、深邃的剖析、缜密的思考、流畅的表达、机智的应变成为学生学习和表达的范例，更重要的是教师对自己的观点的阐述能够强化学生对新信息的认识、搜集和整理。

2. 评价启迪

教师的讲析能够及时地对学生的学习行为和学习结果做出科学的评价，使学生不仅能够及时地纠正学习中出现的错误和偏差，而且能够从教师的讲析中得到启迪和激励，从而更好地完成学习任务。

3. 创设情境

教师形象生动地讲析，能够为学生学习新的内容创设良好的情境，引发学生对学习资源的兴趣与思考，缩短学生与学习内容之间的距离，能够使学生满怀热情地投入学习中去，收到很好的学习效果。

4. 释疑解难

学生在学习中会遇到许多自己难以解决的问题，这时就需要教师通过讲析，帮助学生解决疑难问题，排除学习中的障碍。特别是在新课程理念下，学生在自主学习与探究学习中会遇到很多疑难问题，教师必须具有释疑解难的讲析本领。

（二）讲析语的要求

讲析语是教师系统完整地讲解和传授科学知识的用语。教师的讲析语必须做到如下几点。

1. 目标明确，重点、难点突出

教师在一堂课里要解决什么问题，达到什么目的，哪里是难点、疑点，教师心里要有数，如果不明确，语言组织必然杂乱无章，甚至会出现前言不搭后语的现象。叶圣陶先生在《精读指导举隅》中指出讲课要给学生一个简明的提要，学生凭这个提要，再去回味那冗长的讲话，就好像有了一个条子，把散开的线都穿起来了。叶老所说的这个"条子"就是贯穿教师教学过程的教学目标。教师的讲析要处处围绕这一目标的实现而进行。

2. 要深入浅出，具有启发性

教师要把教科书上的知识讲述出来并不难，难就难在让学生能听懂、能理解、能领悟。这就要求教师在讲授时，能把深奥的道理浅显化、通俗化，甚至做到形象化，且能启发学生思考问题，起到点拨的作用，而不是教师满堂灌，学生一味地听，这就失去了教师讲析的目的。

3. 生动活泼，具有一定的幽默感

捷克教育家夸美纽斯在《大教学论》一书中指出，教学"能使教员和学生全都得到最大的快乐"。教师和学生在教学过程中能得到的快乐，除了共同获得知

识的享受之外，也获得语言的美感享受。这就要求教师避免枯燥乏味、板着面孔讲课，而要追求妙趣横生、妙语连珠，创造出一种轻松愉快的课堂气氛。

四、结语的功能及要求

（一）结语的功能

教师在讲完课之后，要对学生所学习的内容做出及时的总结，以起到或照应、或梳理、或点出主要内容、或说明注意事项、或引发进一步的思考的作用。结语具有如下几种功能。

1. 点拨要点，增强理解

教学是一个师生围绕教学资源的对话活动，是一个动态的过程性行为，这个过程由一个个阶段组成，一节课只是一个最小的学习阶段。每一个最小的学习阶段也有相对独立的学习目标，结语要对这一目标的实现过程中的重点问题做出点拨，以增强学生对要点的理解和记忆。点拨的要点包括学习内容、学习策略、学习手段、学习中遇到的共性问题等。

2. 指导实践，内化素质

实施新课程标准以后，学生的探索性学习和通过实践的发现性学习成为学生获取信息的主要渠道，因此，教师在学生完成一段学习任务后，必须对学生的探索过程和实践过程做出科学的评价，使学生在探索与实践中遇到的问题或出现的错误得到及时有效的解决和纠正。教师只有在总结中明确指出学生探索和实践中的成绩与纰漏，甚至是错误和不足，才能够引导学生学会探索与实践，学会对探索与实践的反思，学会纠正错误行为，学会学习的本领，从而内化成为可持续发展的基本素质。

3. 结合生活，拓宽视野

高中信息技术课堂十分强调学生的生活世界与科学世界的结合，个人体验与文本间接经验的整合，实现学习生活化、生活学习化的良好的学习人生。教师在学生完成一节课或某一内容的学习后进行总结，能够很好地引导学生把在本学科获得的知识与技能直接应用到生活中，解决实际问题，将课堂延伸到生活中去，真正实现学习生活化。教师要让学生从课堂中走出来，从文本中走出来，从固化的知识和无生命的文字中走出来，用鲜活的知识去指导生活实践。

4. 激发情感，创设高潮

学习是丰富的情感的体验，是情感的一次快乐的旅行。教师在一节课或某一内容学习结束时用饱含激情的语言，再次燃起学生的学习激情，创造出学生情感的高潮，并将这段美好的感情引发到下一次的学习中去，引发到相关学科的学习中去，引发到长久的学习生活中去，甚至引发到一生的学习和发展中去。饱含情感的结语不仅是对一节课或一段学习内容的总结，更重要的是它为下次课和下一段内容的学习打下了良好的情感基础。

（二）结语的要求

1. 必须注意完整性

教师上课时使用的结语一定要具有完整性，完整才美。有头有尾，有始有终，才能称得上完整美。"画蛇添足"，既破坏了结语的完整性，又会使其极不和谐。

2. 具有启迪性

教师的一节课讲完了，切忌真的一切都结束了，教师一定要用简明扼要的语言做好收束。结语虽然简短，但一定要做到既总结，又激活，意味深长，清音有余，引发学生再次投入学习中的欲望，这才是好的结语。

3. 简洁精练

结语的语言要少而精，练而达，三言两语，利落干净。不可东拉西扯，做一些空洞的说教，既浪费时间，又使学生生厌。"行于所当行，止于所当止"，结语亦当如此。

五、应变语

（一）应变语的功能

教学过程中突发事件或偶发事件总会给教师的教学带来紧张的气氛，有时甚至会破坏教学和课堂的正常秩序，将部分学生或教师推到窘迫的处境，使教学无法进行。这时，教师良好的应变语能够在平缓的氛围中解决突发事件。

应变语的功能如下：

1. 摆脱困境

在信息高度发达的今天，教师不再是学问的"泰斗"，万能的"百科全书"，而是变成了学生学习的组织者、引导者、合作者、咨询者等，师生共同地、平等地成为围绕教学资源的信息的探索者。而在这种伙伴式的关系中，教师又必须成为学生学习的促进者，必须面对学生提出的各种各样的问题，而这些问题教师又不可能在上课前都做好充分的准备，这就不可避免地使教师在学生的突然提问中处于困境。此时，就需要教师利用机智的应变语，摆脱困境。

2. 疏通堵塞

高中信息技术课堂要求转变学生的学习方式，使学生由课堂教学中的接受教育的对象，变成主动学习的学习主体，使学生从学习的边缘地带回到学习的中心地带，过去的讲授式的教学被自主合作探究的学习策略所取代，这就使得教师的教学任务也发生了根本的改变，由原来的传授知识培养技能变成了为学生学习活动的顺利进行创造条件。因此，教师在教学过程中必须巧妙地使用教学应变语帮助学生解决疑难，使学生的学习活动取得期望的进展。

（二）应变语的要求

教师在教学活动中无法预料而突然发生的事件很多，有时是非认知因素的，如场外的突然干扰，学生的恶作剧等；有时是属于教学认知因素的，如学生在课堂上突然提出难题、怪题等。不管哪一种都会影响教学的正常秩序，都要求教师必须做出恰到好处的处理。无论教师利用什么办法来处理教学中的突发事件，都要求教师的应变符合下列要求。

1. 控制情绪，沉着冷静

偶发事件，或者"冒犯"教师，或者破坏教学秩序，或者产生不好的影响，这一切都容易使教师恼怒而失态失言。因此，教师要控制住自己的情绪，要冷静下来，以冷静的态度、冷静的语言处理偶发事件。

2. 坚持良好的语言道德

不管教学过程中出现什么突发事件，教师都不可以说出谩骂、斥责的话来。恶语出口，尤其会伤害学生自尊心。不说侮辱学生的人格的话是教师在处理突发事件时必须做到的。教师要以温和的语言对待学生，处理偶发事件。

3. 实事求是，重在疏导

偶发事件虽然是偶然发生，即使在不该发生的时间、地点发生了，对别人是意外，但对当事者来说，也许是一种必然。也就是说任何一种偶然事件，都是事出有因的。因此，在处理这类事件时，教师必须坚持实事求是的原则，充分发挥教师的机智，因势利导，使坏事变成好事。

第三节 高中信息技术课堂语言的有效运用

传统的课堂语言受传统的教学观念的影响，过分地追求语言的规范性和科学性，忽视了课堂教学的其他特性。特别是课堂评价语言的不规范，经常导致教学过程中出现一些因疏忽而产生的教育缺憾。例如：因教育信息未及时更新而造成错误的引导；因课堂语言不够新颖导致无法激发学生的学习兴趣；因课堂教学过于死板导致学生对学习产生厌烦的情绪等。所以，教师在进行学生评价时，首先要明确一个事实——教育是一种保护。我们要保护好孩子们幼小心灵中的奇妙火花，即便是一些天马行空的想法，教师也不要对其进行否定或斥责。教师是学生学习道路上的引导者，需要用语言激发学生对学习的热情，帮助他们完成学业目标和成长目标。总结来讲，教师教学语言应是集爱心、智慧、尊重、责任、幽默于一体的，这样的课堂语言才是智慧课堂语言。那么，教师具体要怎样运用智慧课堂语言呢？

一、赏识与鼓励给孩子带来温暖的阳光

高中信息技术课堂要求，教师对学生的日常表现，应以鼓励、表扬等积极性的评价为主，采用激励性的评语，尽量从正面引导。莎士比亚曾说："赞赏是照在人心灵上的阳光。"现实生活中，每个人的内心都渴望得到阳光。苏联教育家苏霍姆林斯基说："要让孩子们体验劳动的欢乐和为自己的劳动而感到自豪。"不管哪个学生提出问题或回答问题后，总是希望得到教师的赞扬与肯定。因此，教师在评价学生时要尽可能多一些赏识与鼓励，这样才能调动学生学习的积极性、主动性，使学生有被认可的满足感与成就感。

同时，教师肯定性评价语言的内容也应该是多层次、多角度的。为了让

全体学生品尝到学习的快乐和成功的喜悦，教师在评价时要竭力寻找学生的闪光点，哪怕学生的发言中只有一个用得好的词，只有一句说得好的话也要立即给予鼓励。例如，对问题回答完整的学生可赞美他"你真棒！""你真了不起！""真不简单！""你真聪明！"等。再如，有位学生，成绩很好，也很聪明，可是胆子特别小，总不爱举手。有几次老师见到他想举手又不敢的样子，就点名要他回答问题，当他回答正确后，便立刻表扬他："你的答案非常正确！老师真心希望能再次听到你完整的答案。"如此几次之后，这位学生在课堂上回答问题时就变得又大方又积极了。而对回答不完整或回答错误的学生，老师千万不能说"你答错了！""不对！""真笨！"等含贬义的语言。而应改变语气，换一种说法，可鼓励他"你虽然只做对了一半，但已经非常不容易了。只要继续努力，老师相信你一定能赶上来！""你的答案虽然和正确答案有点不一样，不过没关系。你能勇敢站起来回答问题，就已经很了不起了。"这样的语言真切、感人，让学生深受鼓舞，觉得自己能行，从而树立起自信心。

二、诙谐与幽默给课堂带来笑声与欢乐

高中阶段，学生的学业繁重又承受着巨大的升学压力，课堂上所学的知识大多数也更趋于理性、难有趣味性，进而导致学生易出现烦躁、厌学等消极情绪。这就要求教师从课堂教学语言做出转变，尤其是转变传统教学观念，拉近自己与学生的距离，用诙谐、幽默的语言修饰枯燥的理性知识，激发学生学习的兴趣，使整个课堂教学充满生命力。另外，有时由于一些外部环境因素（如放假过后、天气炎热等）的影响也会造成学生上课不专心、课堂纪律不好等情况，这时需要教师用幽默风趣的语言指出他们存在的问题，将学生的注意力集中到课堂上来，达到促使其改正的教育目的。

三、理解与尊重学生的独特体验

高中信息技术课堂要求我们要珍视学生独特的感受、体验和理解。学生是学习的主体，他们的独特体验是一种珍贵的教育资源。与传统教育相比，现代教育使我们越来越深刻地认识到学生资源的发现和利用是我们今天教育生命的

希望所在。从这个意义上讲，教师必须首先尊重学生的独特体验，特别是当学生的价值取向与教材、教师的理解有偏颇时，我们如果能用宽容的眼光去理解孩子，去保护孩子稚嫩纯真的心，那我们的评价语言才会宽容、亲切、真诚，才会让学生感受到老师对他们的尊重与赏识，从而增强他们继续超越自我的信心。面对学生错误的理解，有一位教师这样说："我佩服你！你有主见、有思想、有个性！我不同意你的意见，但我佩服你敢于发表意见的勇气。"老师的话赢得了学生们经久不息的掌声。

第四章

高中信息技术课堂的互动智慧

第一节　高中信息技术课堂下的互动式教学

一、互动式教学的概念

互动这个概念起源于社会心理学，后来被引入教育学领域，它第一次出现在德国的社会学家、哲学家格奥尔格·齐美尔的著作《社会学》中。互动是指两个或两个以上的人通过情感或信息交流对双方产生影响的过程。但是，互动不同于单纯的信息交流，它要求双方对相互交流具有一定的兴趣，使自身注意力集中在倾听或理解对方的信息上。

在以交际语言为主要教学手段的时代，互动可以说是教学真正的核心，也是交际的最终结果。换个方式来讲，交际中信息交流的主要方式就是互动。通过互动，交际的双方才能进一步交流思想、情感和想法，互相产生影响。而这一最终结果也是教学活动的重要目标之一。

而互动式教学是指在平时的教学活动中，教师与学生之间进行真诚的交往，高效地进行信息交流，形成师生互动、生生互动、教育个体与教学环境互动的教学局面，推进教学进程，强化教育效果的一种教学方法。在互动式教学中，教师要尊重每个学生的个性差异，构建能够激发学生学习兴趣的课堂教学环境，引导学生进行自主探究、自主学习，提高其自身素养，真正做到素质教育。互动式教学是教学与自学的相互结合，教师与学生互为主体又互为客体。教师与学生平时要进行一些交互式问答、集体探究与交流，双方形成良性互动，即学生要在教师的引导下，有组织、有目的、有计划地学习并掌握系统的文化知识，完善自身发展。在互动式教学中，教师与学生共同决定着整体的教学效果，同为教学的主体。因此，要提高教学的有效性、完善教学过程，教师不仅要提高自身教学的积极性，也要努力提升学生学习的积极性，即充分发挥教师和学生这两个主体复合而成的统一体的作用。

互动式教学与传统教学相比，最大差异在一个字——"动"。传统教学是教师主动，脑动、嘴动、手动，结果学生被动，神静、嘴静、行静，从而演化为"灌输式""一言堂"。而互动式教学从根本上改变了这种状况，真正做到"互动""教师主动"和"学生主动"，彼此交替，双向输入，奏出和谐乐章。在课堂教学中运用互动式教学，能有效地促进教学质量的提高，培养学生灵活运用知识的能力，实现互动式教学法在教学实践中的应用。相关专家、学者应丰富国内的相关教学理论研究，完善并发展相关教学方法，为一线教师的教学提供一些有益经验。

二、互动式教学的特点

（一）明确的目的性

高中信息技术课堂中的互动式教学主要是以语言学为基础，即语言沟通只是学习的渠道，而不是学生学习的最终目的。学生学习是为了使自己的能力可以满足某种社会活动的需要，即能够借助某些学过的知识完成某项任务，或获得一些可用的信息。同样，教学的目的也不仅仅是通过考试，所以，教师在平时的教学活动中不应一味地将注意力放在知识的教学以及习题的训练方面，更应该重视学生的知识运用能力。

（二）过程的互动性

高中信息技术课堂中的互动式教学的互动性是指在教学过程中，包括心理、身体、情感等方面师生和生生之间的互动。

高中信息技术课堂中的互动式教学课堂信息输入量大，学生接触、操练语言的时间增加，自然会减少教师讲话的时间。这就使教师的地位发生了变化，由"主导"变为"从旁指导"。虽然教师讲授知识的时间减少了，但是他们组织课堂教学的任务增大了。教师在教学过程中借助电教设备、直观教具、实物、图片、简笔画等手段创造语言交际情景，加上必要的表情、眼神、动作，起伏变化的语音、语调使讲解变得生动，吸引学生的注意力，让他们全身心地投入课堂教学活动中。学生注意力集中听讲的时候，就是动眼、动耳的过程，他们积极思考、发挥各自想象力和创造力的时候，就是动脑的过程，每个学生踊跃地参与各种游戏活动的时候，就是大量地动口、动手的过程。在学生活动过程中，教师的"身、心"也一直在参与，教师从学生输出的反馈信息中，及时调整活动内容、速度，不断地调整学生的非智力因素，才可以保持学生"动"的活跃程度。

（三）内容的广泛性

高中信息技术课堂中的互动式教学的出现改变了传统的"教师讲，学生听"的教学模式，使学生和教师都成为课堂教学的主角，双向的信息交流也逐渐取代了以往的单向信息传输。因此，教师在进行教学设计时不可再按照以往的做法将知识的范围局限于教材；而是要以教材为主线，以学生的知识获取能力为边界，在讲解固定的教材内容的同时扩大体裁范围、增大内容输出。同时，教师可以对教材内容进行补充并预留"超纲"的课后作业，引导学生通过课后自学来强化自己的自主探究能力，使其养成终身学习的良好习惯。

第二节　高中信息技术课堂下的互动课堂

一、互动课堂的系统模型

20世纪，我国电化教育诞生，信息技术在教学中的应用飞速发展。

随着信息技术的发展，照相、幻灯、电影的出现对人们的生活产生了极大的影响。同时，受夸美纽斯等人的直观教学思想传播的影响，教育领域越来越重视感觉经验。教育工作者和科学家都试图把这些科技成果应用到教育、教学领域，其直观的形象打破了传统教学的抽象和形式主义，由此引发了20世纪初"视觉教学（Visual Instruction）"运动的产生。

20世纪90年代开始，计算机、网络等信息技术的发展为教育技术的发展注入新的活力，人们越来越重视信息技术对人的信息素养及学习绩效的影响。教学辅助设施趋于综合化、网络化、智能化，教学内容存储和传输方式多样化，教学组织形式和学习方式也不断变化，教学不再局限于班级教学和小组学习，出现了"虚拟教育"远程教学、交互式学习等一系列教育新概念。

技术在不断发展，技术在教学中的应用随之不断推进。

2000年，教育部提出要加快信息技术教育与其他课程的整合。

2012年，《教育信息化十年发展规划（2011–2020年）》提出，要推进信息技术与教育教学深度融合。

当一种新技术出现，便会有相应的教学应用形态产生，如投影在教学中的应用，课件在教学中的应用，电子白板在教学中的应用，博客在教学中的应用，二维码在教学中的应用，移动设备在教学中应用……

教育似乎一直在追着技术跑，却始终追不上。

技术走得太快，教育跟不上，一线教师都有这样一种感觉。信息技术对教育的发展具有革命性影响，信息技术使教学结构发生深刻变革。那么，技术对教学的深刻变革应该如何实现？这一问题的答案便是"互动课堂"。

（一）互动课堂的样式

随着交互式电子白板进入课堂并逐渐占领课堂空间，要实现未来课堂、智慧课堂，交互式电子白板始终是一个绕不过的技术工具，如何用好这一工具，在教学中充分运用其交互功能？必须从教学角度选择技术，遵循技术为教学服务、人在技术之上的理念，这样才能引发教与学的变革，实现技术与教育深度融合。

1. 深刻理解技术内涵，寻求与教育的融合点

交互式电子白板作为目前比较流行的一种现代教学媒体，为现代课堂环境融入新的元素，它的介入丰富了课堂教学互动的概念。无论是智慧教室还是翻转课堂，都离不开交互式电子白板、平板等交互设备，而这些设备的核心功能就是交互，从教育的角度理解交互，信息技术无疑丰富了课堂交互的内涵和外延，交互不仅仅局限于人机交互，而且是基于学生发展的更为深入的交互。

这样的交互是指师生在具有白板、平板等交互设备的教学环境中，运用一定的技术和方法，在教学中有目的、有组织地运用人与人、人与机器等双向或多向信息传递方式，相互交流思想和情感、传递信息并相互影响的过程。

课堂互动教学是在课堂教学环境中，师生之间、学生之间及人与媒体、环境之间，在教学传播过程中通过对信息的交换、沟通与分享、创造而产生的相互影响、相互作用的方式和过程。依据互动对象的不同，交互课堂的教学互动类型可以分为师生交互、生生交互、人机交互、认知交互。

技术创设了课堂交互的氛围，创设了一种强交互的教学活动，交互与课堂结合，交互课堂便出现了。

2. 精准把握教育本质，构建教学应用新样式

（1）课堂交互的类型

具体说来，交互课堂主要有以下四类交互：基于问题学习的师生交互、基于合作学习的生生交互、基于探究学习的人机交互、基于思维发展的认知交互，其中师生交互和生生交互统称为人际交互。

　　基于问题学习的师生交互是指教师和学生个体之间或与学生群体间的相互作用和影响，主要是通过师生相互问答、相互评价、反馈、激励及合作等活动形式实现的互动。基于合作学习的生生交互是指学生个人与个人、个人与群体、群体与群体之间的相互作用和影响，主要是通过小组讨论、互相评价、相互反馈、互相激励、互帮互学、互为师生等合作学习的活动形式实现的互动。

　　小组学习是课堂教学中生生互动的最直接有效的形式，它有利于扩大参与面，能有效激发学生的学习动机，促进学生主体作用的发挥和促进互帮互学。在小组内部可以按独立思考→共同讨论→检查核对→初步评价的程序开展学习，在组际之间可以组织互动交流，如组际交流、组际互查、组际竞赛、组际讨论等。

　　基于探究学习的人机交互是指教师、学生运用白板功能进行知识构建、探究的过程，是师生、生生通过白板操作学习新知识、解决新问题的教学活动。

　　基于思维发展的认知交互，指学生个体内部的信息交流活动，主要包括感知、记忆、思维、想象、情感等心理活动。学生个体大脑信息库内储存信息的多少在很大程度上取决于其内互动的活跃程度高低，表现在人的意识和思维活动具有生产性和创造性，是在已知的基础上不断发现未知，创造新知识、新观念和新思想的活动。

　　为了便于指导教师在教学过程中把握和控制各种互动方式，并进行教学效果的观测，课堂互动教学分为外互动和内互动。其中师生交互、生生交互、人机交互属于外互动，认知交互属于内互动。

　　外互动是指其中一方与外界信息传递的过程，是人际互动、人与媒体及环境互动的综合。

　　内互动在认知领域中，主要是指学生对外来的认知信息进行内化建构的过程，在本质上也是思维创新的过程。在情感领域内，内互动是学生主体的内在需要、动机和外在行为、状态的价值性情绪体验的冲突。

　　互动为深度学习的有效方式。外互动是信息的最初来源，内互动是学习主体最终获得知识、能力的归宿，也是表现能力、素质的发源地。而现代教育技术的介入不但增加了外互动中信息的来源，也加深了内互动对认知和情感意义的建构，促进了外互动向内互动的成功转化，使教学向着既定的目标进行。

（2）互动课堂的操作程序

任何一种教学模式都具有可操作的程序，在构建模式的过程中，人们确定了启动阶段→互动阶段→自动阶段的基本操作流程，使教师有可操作的依据和参照。

启动阶段的主要任务是创设教学情境，设疑激趣，引导学生进入学习情境，做好铺垫、引导工作。

互动阶段可分为两个方面：外互动，获得外部信息；内互动，进行意义建构。它们是互动的主体和关键。学生在教师创设的情境中，通过问答、讨论、协作、评定反馈等外互动获得大量信息，并积极进行内互动，使外互动得来的信息成功转化为自身的内在信息，为实践创新做基础。

自动阶段的任务是进行实践创新。学生通过充分参与学习，发展以创新和实践能力为核心的素质。

交互课堂在实施过程中，教师需要找准学科整合点、抓准白板适用点、找准情景设疑点、定准思维发展点，进而创设师生互动网络，调动学生的积极性、主动性，实现以学生为本的课堂教学模式。

（3）互动课堂的模式特征

运用现代教育技术构建的互动课堂，主要特征表现在：强调学生积极参与；强调运用媒体创设情景；强调教师多重角色；强调教学灵活多样；强调师生平等交往等。

（4）互动课堂的特点

互动课堂具有师—生—媒体（环境）的多向互动性、教学氛围的和谐性、课堂互动的动态性、注重个体差异性、传统与创新的叠加整合性等特点。

（5）互动课堂的评估

互动课堂可以运用弗兰德斯互动分析技术进行评估，其操作大致由三部分构成：建立能够描述课堂互动行为的编码系统；规定一套观察和记录编码的标准；采用迁移矩阵表格显示数据进行分析。弗兰德斯把教师和学生在课堂上的互动行为分为教师语言、学生语言和沉寂或混乱（无有效语言）三大类，总计10种情况。

（二）互动课堂助力教育回归本源

让教育回归本源。要实现这个初衷，教育工作者必须从教育出发，设计、思考、践行技术的教育应用，从用技术教转为用设计教。教育工作者也要改变技术与教育生硬的整合，把技术融入教学目标、教学策略、教学活动、学习活动的设计中，通过技术改变教与学的方式，提高教学效率。

从技术辅助到优化结构。用技术改变教学结构和流程，让技术成为学习者学习的有力助手、帮手。从教育的角度系统设计技术运用，优化学习过程。

新技术层出不穷，学校的教育信息化建设也与时俱进，交互式电子白板几乎成为教室的标配，未来课堂、智慧教室等先进的学习场所不断涌现，如何应用好这些新技术、新设施、新理念，当务之急是不断强化教学实践，以教育互联网的思维，探索技术与教育的融合之路，拥抱互联网+给教育带来的大好机遇，形成以人为本，关注个性、高效、便捷、永续的教与学方式。

二、互动课堂的类型表现

互动课堂是在交互式电子白板支持下进行的，互动课堂中的课堂交互已远远超过了纯粹的人机交互，互动课堂具有十分丰富的内涵和外延。

（一）交互式电子白板支持下的课堂教学互动

教学互动是师生交往的一种表现形态，教学互动既可以发生在师生个体间，也可以是在师生群体间；既可以发生在课堂中，也可以是在课堂外；它既指师生间面对面的沟通和交流的过程，也指师生间通过信息交换和行为交换所导致对方的知识情感和行为的改变。

课堂教学互动是教学互动的主要表现形式之一。课堂教学互动是发生在课堂上的师生、生生间相互作用和相互影响的过程。现代教学理念认为学生是教学的主体，教师是教学的主导者，二者共同构成教学主体。因此，在课堂教学过程中，学生不只是单纯受教师影响，他们的行为也在不断地影响教师或其他学生。所以说，课堂教学互动也是互动双方相互影响、双向交流的过程。

交互式电子白板融入现代课堂环境，丰富了课堂教学互动的概念，它提供了有组织地运用人与人、人与机器等双向或多向信息传递方式，能有效地实现相互交流思想和情感、传递信息并相互影响。依据互动对象的不同，互动课堂主要表现为师生交互、生生交互、人机交互、认知交互等互动类型。

（二）互动课堂的外在表现

在交互式电子白板环境下，以交互为核心的互动课堂为学生创设了全新的学习体验，课堂中交互的选择是围绕学习目标展开的，各类交互相辅相成，互为补充。

1. 以对话为特征的师生交互

当今的社会正步入对话的时代，对话正逐渐成为我们的生存状态、学习状态。"对话"不仅是与单个人的独白相对应的一种言语形式，也是一个可以不直接发生在人与人之间，而发生在人与人的精神产品即人对各种文本之间的理解等。克林伯格认为，在所有的教学中，都进行着最广义的对话，不管哪一种教学方式占支配地位，相互作用的对话都是优秀教学的一种本质性标识。对话教学就是教师、学生和作为文本的教材之间的一种精神上的相遇，通过两者之间对话式的相互作用，达到学生自主和自由发展的目的。对话让课堂无限精彩。

2. 以学习共同体为特征的生生交互

学习共同体的基本形式是小组学习，但又绝对不是"小组"这么简单。学习共同体的组成包括学生、教师、家长、辅导机构等，是指以共同完成一些学习目标为载体的社交群体，其目标是帮助群体中的成员快速成长、互相学习、共享学习资料。学习共同体发挥作用的方式主要为成员间的交流和互动，通过分享彼此的经验、观念、情感，将成员从"客体"生活状态转变为"主体"生活状态，使其具有高度的认同感和归属感，进而形成平等对话式的学习关系，放大集体智慧的影响力。

3. 以技术作为探究工具的人机交互

新课程改革背景下的课堂不再是教师演示知识的过程，而是师生共同生成、建构知识的动态的和交互的过程。动态生成性和探究性课程是新课程改革中课堂教学的亮点之一，也是新课程改革中的难点之一。以交互式电子白板为核心技术的课堂教学能够很好地协调、预设与生成矛盾对立关系，学生、教师通过交互式电子白板的操作，展示、发现知识的形成过程，为学生的探究性学习提供了舞台。交互式电子白板作为构建信息化教育基础平台的核心技术工具，其信息展示平台、师生互动平台、资源管理平台、再生资源平台和协同教育平台的产品属性将对探究性学习活动的学习环境设计起到至关重要的作用。

4. 以思维发展为特征的认知交互

有效利用电子白板组织教学，对培养学生思维能力，提高课堂教学质量有很大的帮助。

交互式电子白板提供了大量资源，促进了学生新旧知识的更替速度，强化了学生知识的建构频率，从而促使学生认知交互，促进思维发展。

交互式电子白板本身的功能也为学生思维发展搭建了支架。如电子白板通过情境的创设，可以引发学生求知欲，培养学生发散思维，引发学生通过联想、比较、判断、推论发现问题，从而获得新知识。教师在运用电子白板精心设计练习时，可把重点放在培养学生思维的灵活性和深刻性上，这些都是培养学生创造性思维能力所需要的。

第三节 交互式电子白板的应用

交互式电子白板可以应用于高中信息技术课堂的各个环节。当代著名教学设计大师加涅提出了"九大教学事件"。加涅指出，学习的条件有内外之分。内部条件是学生具有必要的前提性智慧技能和学习动机与预期，学习的外部条件是教学事件，与学习的内部过程相对应，在教学中，要依次完成九大教学事件，就是将学生学习的内部过程同教师教学的外部活动相适配。而交互式电子白板工具的应用使其可以有效支持以下几项"教学事件"。

一、引起学生注意

交互式电子白板具有一系列特殊功能，如交互控制功能，记录存储功能，网络连接功能和资源管理功能等。交互控制功能包括聚光灯、遮屏和放大镜等。

1. 引导思维——聚光灯的应用

聚光灯的使用能充分调动学生的学习积极性，引起学生的学习兴趣。学生对于实物教学和电子白板相结合的课堂教学设计颇感兴趣，这也使得课堂的互动性得以增强。

2. 聚焦内容——聚光灯的应用

相对于传统教学的黑板教学，高中信息技术课堂的白板的视觉效果显著，其通用工具——聚光灯具有突出显示、聚焦教学内容的功能，能有效吸引学生的注意力，帮助学生更好地进行形象思维，以充分理解和掌握知识。

3. 突显重点——放大镜的应用

放大镜的应用能聚焦和突显教学内容，引起学生关注，引发学生思考。

4. 预设悬念——幕布的应用

白板的幕布功能为情景的设置提供了创造性的素材，为学生随机预设悬念，提高学生的学习兴趣。

5. 强调重点——放大镜的应用

放大镜功能可以将任意部分放大，可以有效支持课堂教学策略的实施。

6. 集中注意——聚光灯的应用

交互式电子白板的"放大"和"聚焦"功能，能帮助教师灵活地讲解个别字、词的字形和解释，同时可以防止学生注意力不集中。聚光灯功能的运用能灵活地突出教学重点。

7. 教学提醒——聚光灯的应用

交互式电子白板的聚光灯等工具虽然看起来功能简单，但在实际教学中用处很大，能取得不错的效果。

8. 情景营造——学科工具的应用

白板使用简单，易操作，在课堂教学过程中使用它省时高效。

9. 树立自信——综合应用

学习情绪是学生在学习过程中所特有的心理体验。积极的情绪状态可以显著提高学生的学习效率。运用交互式电子白板，能创建丰富多彩的活动，有利于学生注意力的集中，有利于课堂中学生积极学习情绪的建立。

二、告知教学目标

1. 问题引发——页面图形的应用

运用交互式电子白板，创设问题情境，通过提问，激发学生的学习兴趣，自然引出教学目标。

2. 生活导入——聚光灯的应用

高中学生随着年龄的增长，记忆力、理解能力、思维能力和表达能力快速发展，愈发成熟，往往对感兴趣的东西注意力保持时间更持久一些。而孩子一旦对学习的东西发生了兴趣，会自然而然集中注意力，专心致志，所以精彩的课堂导入很重要，它能最大限度地激发学生学习积极性，使学生在课堂上积极思考。交互式电子白板进入课堂，为教学带来了新鲜的学习气息，鲜艳的色彩、动听的声音以及多变的图像有利于刺激学生的各种感官，创设各种教学情境，唤起学生的情感活动，促使他们发挥学习主动性与积极性。

3. 限时完成——时钟的应用

运用交互式电子白板的数字时钟倒计时功能来控制学生完成活动任务的时间，凡是在限定时间内顺利完成任务的都可以获得一个"兑奖券"。教师巧妙地运用这一功能可以取得不一般的效果。

4. 目标呈现——页面的应用

交互式电子白板具有演示功能，可以直接展示教学内容。教学目标可以通过演示的方式告知学生。

三、唤起先前经验

1. 总结过程——回放的应用

交互式电子白板可以记录下白板上发生的教师教学和学生学习过程中的所有细节。无论是教师还是学生，都能够看清自己在什么地方出现了问题，避免再犯类似的错误，从而提高教学质量和学习质量。并且，它将成为教师以后教学的重要资源，为教师对课堂教学的每一个环节进行反思提供了参考。

2. 领悟方法——遮蔽的应用

利用交互式电子白板的"遮蔽"功能，可以随心所欲地将教学内容的任意一部分遮蔽起来，还可以将遮蔽屏随意拖动，调整大小。想遮蔽哪个字，哪句话都可以，很方便。这样一来，教师就可以在课堂练习中遮蔽习题的答案，将学生的注意力转移到方法的领悟上。

3. 活动情景——Flash播放的应用

交互式电子白板的Flash播放功能可以随时在课件与播放之间切换，为教学活动创设了有意义的情景。

4. 化归、转化——综合应用

化归、转化思想是把待解决或难以解决的问题，通过转换、归纳至已经解决或解决方法比较简单的问题中，进而使问题便于解决的一种思维方法。化归—转化思想是探究解决问题的一种基本思维方式，应被充分普及到学生之中。高中所学的知识大多新旧之间紧密相连，新的知识很多都是旧的知识的延伸和拓展。教师只有让学生可以熟练地使用化归、转化思想才能提升整体的高中信息技术课堂教育效果。交互式电子白板的使用一方面丰富了学生的学习资源库，另一方面造成了大量的信息堆积和知识冗杂，学生只有高效地进行筛选、分析、转化，才能真正实现信息的高效获取，才能真正综合运用信息网络进行自主探究。

四、呈现教学内容

1. 对比中生成——双页显示的应用

电子白板本身具有复制、移动、双屏显示和屏幕遮蔽等功能，教师在教学中将这些技术功能转化为教学功能，有助于提高学生的注意力，突破教学难点。

2. 动手中生成——拖动与移动的应用

电子白板为学生呈现和讨论结果提供了一种有效的方法。教学实践中，让学生自主地进行操作、观察、想象、讨论、质疑等，有助于发挥学生的主体意识，培养学生的主动探索精神和创新意识。

3. 灵活备课——资源库的应用

传统的教学模式中，教师都需要根据教材准备大量的资源，然后在教案中设定"先讲什么，后讲什么，先怎么讲，后怎么讲"的顺序，一旦实际的教学和预设情况不一样，就会手足无措。有了电子白板的加入，教师就可以根据教学设计将图片、照片、动画或课件等保存到资源库中，在课堂中根据学生的回答和表现灵活调用，和传统PPT相比有很多的优势。

4. 创设练习情境——资源的应用

创设教学情境就是教师根据教学内容，创设出形象鲜明的投影图片，辅之生动的文学语言，并借助音乐的艺术感染力，再现教学内容所描绘的情景表象，使学生如闻其声，如见其人，仿佛置身其间，身临其境；师生在其中进行情景交融的教学活动。交互式电子白板的资源库功能可以随时调用学习活动所需资源，创设学习情景，有助于培养学生情感，启迪思维，发展想象，开发智力，突破传统课堂教学受单一教学手段的限制，避免了学生知识难点理解的表层化、抽象化。

5. 创设故事情境——资源的应用

教育家杜威曾说："教师的首要任务在于唤起学生理智的兴趣，激发学生探究的热情。"自古以来，读书人推崇"学海无涯苦作舟"式的"劳作"，令学生的身心疲惫不堪，而故事正是用生动形象的语言描述情节，诱导学生置身于故事情境中，让学生积极主动地参与教学活动。交互式电子白板的资源库使故事情景的创设更加便捷，基于交互式电子白板的生动、有趣的故事情景能够使学生产生浓厚的学习兴趣和强烈的探究欲望，把理性的传授与声、色、形等融为一体，形成生动、活泼、高效的课堂教学情境，促进学生潜能的发挥。

6. 促进生成——资源库的应用

白板的资源库十分强大，摆脱了以往使用PPT的束缚，可以根据学生的反应灵活调出需要的内容，激发学生的兴趣，让学生成为课堂的主体，解决了特殊学生学习中难以提高兴趣的问题。

7. 突出重点——聚光灯的应用

聚光灯是交互式电子白板的通用工具，能对教学内容进行部分显示，有效突出重点，教学中应用聚光灯能增强课堂交互。

8. 灵动教学——遮挡板的应用

交互式电子白板的遮挡板功能可以随时显示白板上的教学内容，若巧妙运用可以激发学生学习兴趣，引发悬念，根据学生情况呈现教学内容等。

9. 形象观察——截图的应用

情境教学中，教师经常会通过音乐的渲染、视频图像的视觉冲击，来引起学生的情感体验，帮助学生迅速进入学习状态，初步了解课文内容。电子白板的应用充分体现了它特有的优势。电子白板不再像传统多媒体那样只能按照事先设计好的流程进行播放，而是可以根据课堂需要随意操作。

10. 情景再现——聚光灯、放大镜的应用

电子白板的聚光灯、放大镜功能在情景教学中，为课堂注入新的活力，更重要的是学生的注意力更集中了、观察更仔细了、思维也更活跃了。

11. 观察对比——区域捕捉的应用

电子白板的区域捕捉功能能对电子白板的任意区域进行截图，为教学中关注细节，进行对比提供了有效的实现途径。

12. 驾驭生成——无限克隆的应用

PPT等多媒体软件设计的教学环节可以实现一定的师生交互活动，但是只能以教师事先预设的模式演示，其最大的缺陷在于无法应对课堂教学中可能出现的教师预想之外的问题。当出现的问题与预设不同时，该问题往往会被忽略；如果教师关注学生出现的问题而置课件于不顾，又不能很好地利用多媒体资源。

交互式电子白板的出现解决了这一矛盾，它能使教学资源从"预制"转向"弹性"调用，有利于把预设性课堂转变为生成性课堂。

13. 拓展知识——资源库的应用

教师利用电子白板所提供的资源库，可以随时随地调出想要的工具、信息、音乐和图片等资源，同时可以将自己所需要的教学资源添加到资源库中。

第五章 | 05

高中信息技术课堂的教学智慧

第一节 "情境创设"技术课堂教学智慧

一、情境教学评价

情境体验教学评价的指导思想与课堂教学理念中"幸福度"有关，对于高中学生来说，课堂教学是一种重要的生活方式。今天，面对课堂教学对"人"的呼唤，再也不能排斥高中学生课堂教学中的情感生活，不能再让认知教学与情境教学相分离的悲剧延续下去了。学校教育教学的真正意蕴和乐趣，潜藏在高中学生生命成长的幸福体验之中。必须关注高中学生课堂教学中的对情境的反应，必须让高中学生体验到课堂教学的快乐，体验到课堂教学的意义和价值，为此，提出课堂教学的一个新的维度，即高中学生通过课堂教学体验到的幸福程度。

在此，有两个层次需要把握：一是把情境发展作为评价高中学生素质发展水平的重要指标；二是让高中学生体验到课堂学习的乐趣和智慧生成后的快乐。课堂教学"幸福度"是对高中学生生命体验的真切关注，是立足于高中学生情境的教学评价观点，在对高中学生的幸福感受的评价与认识中，教学自然地走向了高中学生的心灵深处。

那么，高中学生的"幸福度"有指标吗？高中学生的"幸福度"可测吗？在关于"幸福"的测量问题上，当前难以有准确的标准来定位。无论是"恩格尔系数"还是"基尼指数"，它们对于人们的"幸福指数"的测量也不适用于课堂里的高中学生，但是高中学生在课堂上的感受是可观察、可调查、可意会的。

二、教学研究与讨论

（一）利用科学的实验方法

严格遵循科学的实验方法，在实验与研究过程中，从方案的设计、论证，到选点实验，均规范运作，从而使得实验的结果具有较高的信度。从结果的分析与讨论来看，实验班学生的学业成绩、创新精神和创新能力都高于对比班的学生，较为有力地证实了情境体验教学在课堂教学实践中的科学性。在初步的推广、应用中，产生了同样的教学效果，由此认识到，情境体验教学建立在传统教学精髓的基础上，具有科学化、艺术化、操作化的特点，较好地反映了现代教学的理论及一般教学规律。情境体验教学易于教师掌握和运用，在教育创新探索中具有较强的理论价值与实践价值。

（二）宏观课堂

就情境体验教学范式建构来说，其更关注于宏观理念指导下的课堂自然生成。在情境体验教学范式总体框架的宏观指引下，不同学科、不同学段应当产生众多的相应操作变式，也就是说，情境体验教学范式不是一成不变的。任何一种教学范式都应服务于教师的教和学生的学，当然也受制于诸如课程、教师水平、高中学生能力等各种因素，因此，情境体验教学范式的运用，要求教师大胆创新、因时制宜，以实效性的原则组织教学。

（三）创新是高中学生的基本素质

可以说，每个高中学生都有创新的潜能。在从传统知识教学到情境体验教学的转型过程中，对高中学生来说，其创新素质的培养不是从无到有的过程，而是一个从被压抑到被充分开发的过程。情境体验教学在高中学生创新素质培养方面，正是遵循了高中学生自然发展的规律，强调高中学生在一定情境下的自主探究与体验。

三、情境传递教育误区

（一）将范式理解空泛、庸俗化

情境体验教学范式致力于一种情感化的教学场的构建，而不仅仅是一项单纯的教学活动。在情境体验教学的实施中，其前提性因素是教学情境的设置，并以此激发高中学生的情感，调动高中学生的参与热情，使高中学生能够主动地投入学习之中，通过自身的体验来感知、认识、内化并且建构知识、能力，从而达成综合目标。而许多教师将情境体验教学分解开来，将其内涵理解得极为空泛，没有从高中学生学习的角度来理解教学范式，误认为教师是情境体验的主体性因素，因此在教学中出现了许多问题。教师的导入方式是不错的，但仅仅如此显然不够，音乐能够渲染情境，但单纯的音乐绝对不是具有教学功能的情境，它必须与整体的教学场融为一体，才能够真正使教学情境具有持续性的功能。同时，不是有了情境，高中学生便能自发地进行体验，体验是一种注入并激活了生命意识的个体行为，单纯的一种外在刺激远远不能产生巨大的心灵震撼功能。情境必须产生唤醒高中学生情感的力量，高中学生的体验必须是真实而彻底的。

（二）片面夸大体验的功能，缺少与其他教学方式的必要结合

高中学生单独依靠体验是否能完成全部的学习任务，这是一个值得研究的问题。高中学生的学习过程是复杂并且丰富多彩的，不光要面对各种知识，还要调动各种学习能力，培养新的学习能力。高中学生需要选择适合自己的学习方法，即使能够身临其境地进行体悟，也需要借助其他的有效方式进行补充。比如高中学生对一篇文章有了自己的独特体验与个性化的观点，这个时候必须进行交流才能使自己的认识更加丰富或得到验证与评判，此时，合作学习便是必要的，而且不与高中学生的个性化体验矛盾。

在理解新的教学理念的过程中，往往容易从一个极端走向另一个极端，单凭高中学生个体的感悟是不容易开阔教学思路的，也容易使高中学生的学习进入单纯的自我意识控制之中。因此，先将高中学生的体验置于有效地位，然后以其他有效的教学方式作为补充。使高中学生的学习状态丰富多彩，是情境体验教学的基本观点之一。

第二节　"情感传递"技术课堂教学智慧

一、情感教学理论基础

（一）以情优教的教学理念

以情优教是一种教学理念，也是情感教学心理学学科发展的出发点与归宿。所谓以情优教，顾名思义就是运用情感优化教学。其内涵的完整表述是：在充分考虑教学中的认知因素的同时，充分重视教学中的情感因素，努力发挥其积极的作用，以完善教学目标，改进教学的各个环节，优化教学效果，促进高中学生素质的全面发展。

在汉语中"教"字可以是"教育""教养""教导""教训""教诲"等的简称，但这里则是明确指称"教学"。也就是说，这里把以情优教的着力点放在教学上。究其原因主要有二：其一，教学是学校教育最基本的形式和最主要的途径，要发展教育固然可以从各个方面着手，但一个最根本的着眼点在于向教学要质量、要效益。可以说，优化教学提高教学质量和效率是教育理论和实践工作者不懈努力、孜孜以求的一个目标，是世界各国各地区发展学校教育的一个永恒的研究课题。其二，当前开展的素质教育正在向教学领域深入推进，克服应试教育所造成的在高中学生中较为普遍的发展失衡的现象，减负增效，已成为广大教育工作者亟待解决的问题。如何取得素质教育在学校教育主阵地上的突破，构建使高中学生素质全面、和谐、富有特色地发展的教学模式，是教育发达地区的教育理论和实践工作者要直面的问题。因此，在这样的情况下，把以情优教中的"优教"的着力点放在教学上是审时度势的必然结果。

（二）促使情感朝着积极的方面发生作用

情感对于人的实践活动的作用并不总是积极的，它具有积极和消极双重特性。在一定的条件下情感会发挥积极的效能，促进人的实践活动，而在另外一些情况下，情感则会产生消极影响，干扰乃至破坏人的实践活动。教学中的情感也不例外，它实际上是一把双刃的剑：搞得好，大大有利教学、优化教学；搞得不好，则会严重影响教学、损害教学。正因为如此，提出以情优教的用意就在于明确要求教师操纵各种教学变量，积极创造条件促使情感朝着有利于充分发挥教学潜能、优化教学效果的方面发生作用。这不仅需要正确的教学观念、自觉的教学意识，还需要科学而富有实效地操纵教学变量、驾驭情感因素的能力。

（三）创建情知互促的教学格局

人们在强调某一方面时往往会矫枉过正，忽视另一方面，造成一种倾向掩盖另一种倾向的局面。正鉴于此，今天为克服重知轻情的教学失衡状况而提出要强调教学中的情感因素时，一定要吸取历史上的经验教训，防止从一个极端走向另一个极端。所以在表述以情优教内涵时首先把"充分重视教学中的情感因素"作为必要条件来强调。这一表述表明，从一开始提出以情优教的教学理念时，便明确指出，以情优教中之所以突出"情"，只是对重知轻情的教学失衡状况的一种矫正，而不是忽视或否定教学中的认知因素。恰恰相反，还需要进一步加强对认知因素的重视，尤其要借鉴国内外心理学在认知领域的最新研究成果，及时运用到教学实践中去，以力求形成以情促知、以知增情、情知互促的教学新格局，以最终实现作为教育者的人对作为受教育者的人，进行教育所应实施的真正的教学。

（四）视"情感"为目标

虽然以情优教中的"以"作"用"字解，但这里的"情感"却不仅仅作为手段来优化教学，而是作为目标来优化教学。苏霍姆林斯基就把情感培养作为学校中心任务提出来，指出学校中心任务之一就是培养道德的、理智的、审美的、高尚的情感。实际上，教育就是培养真诚的关切之情，对周围世界所发生的一切都会由衷地做出思想和情感上的反响，这是和谐发展的一般基础，在这个基础上，各种品质、智慧、勤勉才会获得真正的意义，得到充分的发扬。但在现实的教学中，许多教师只注重教学的认知目标，不注重教学的情感目标。还有不少教师甚至根本不知道教学还有情感目标的设立问题，特别是数理化等理科教学，情况更是如此。有的教师即便知道有教学的情感目标这回事，也只是停留在肤浅的认识上，并没有落实在具体的教学行为上。对全国各地方做的几次较大规模的调查也证实，许多教师只知教学中的认知目标，并且都是从认知角度来考虑什么是教学的重点、教学的难点、教学的要点等，而没有意识到教学目标中的情感成分，即便有，也仅是在某些文科类的某些内容的教学中偶尔出现，例如某些语文课的内容尚可设立教学的情感目标，诸如培养爱国主义情感、集体主义情感、人类的亲情、友情等，而有的语文课却似乎无教学的情感目标可立，诸如说明文、应用文的教学就是如此。至于理科类的教学，则似乎更无情感目标可言。于是，高中学生的全面发展的教育目标，落实到具体的课堂教学活动中则变成高中学生片面的认知发展。这就严重影响教学的育人功能的充分发挥，影响高中学生素质的全面提高。因此，以情优教，应把"完善教学目标"放在优先的突出位置上，把形成高中学生高尚情操作为明确的教学目标之一，把它列入完整的教学目标体系之中，自觉将陶冶高中学生情操作为教师执教的己任，这就为全面优化教学创造了先决条件，这也是转变教师教学观念的最重要方面之一。

（五）将"情感"作为手段

在日常教学中常以"情感"作为手段，利用此手段促进教学的做法、思想也并非今日才有，两千多年以前孔子就有"知之者不如好之者，好之者不如乐之者"这样的精辟论断，但是由于当时学术众人对这样复杂的情感现象认识并不深刻，所以"情感"教学手段的利用也非常局限。

过去，情感教学对高中学生学习的促进作用缺乏实证的研究和科学的证明，并且在心理学方面对其研究更是少之又少。在历史长河中，有许多学者阐述了关于情感教学作用的真知灼见，最后因缺乏科学论证而削弱其说服力与感召力。在现代情感教学心理学研究中，以科学角度深入探究了情感教学所具有的一系列功能，在教学应用当中发挥了重要的作用。

二、情感性教学原则

情感性教学理念要在教学实践中得到体现，要转化为广大教师的教学行为，就应该确立相应的教学原则，以规范教学活动，这在教学发展史上是有案可稽的。美国教育家布鲁纳提出发现法教学思想，苏联教育家赞科夫提出高速度、高难度教学思想，保加利亚心理学家洛扎诺夫提出暗示教学法思想时，也都提出相应的教学原则。今天提出以情优教的教学理念时，也应建立相应的教学原则，为广大教师在教学实践中贯彻这一教学思想提供操作上的依据，这就涉及了教学理论问题。情感性教学原则是教学理论中的一个研究领域，教学理论是教育科学中的一门分支学科，简称教学论。它是研究教学情景中教师引导或促进高中学生学习行为，并构建一种具有普遍性的解释框架，提供一般性的规定，以指导教学实践的一门学科。在教学论中，有一部分内容回答"是什么"的问题，称描述性内容，如教学要素、教学过程、教学规律等；还有一部分内容回答"为什么"的问题，称解释性内容，如对描述过程、描述规律的心理学依据、哲学依据、自然科学依据的阐述等；再有一部分内容则回答"该怎么做"的问题，称规范性内容，如教学目的、教学设计、教学策略等。情感性教学原则虽然也有描述性和解释性内容，但主要属于规范性内容。

情感性教学原则是根据一定的教育目的和任务制定的，又受限于一定的教学内容，并通过一定的教学形式、策略和方法实现。它主要阐释在教学中教师应怎样依据客观规律，进行教学活动，加速教学进程和提高教学效果。它是教师在整个教学活动中必须遵循的基本要求和指导原理。

在我国古代就有丰富的教学原则思想，在世界教育史上一部具有重要价值的教育学著作《学记》中有许多教学原则的论述。如教学相长、乐学善教、顺性量力、因材施教、循序渐进、循循善诱、启发问难、触类旁通、反复练习、长善救失、尊师重道等。夸美纽斯在《大教学论》这部具有开创性意义的著作中花了整整4章、占全书1/4的篇幅论述教学原则这个主题，列述了37条原则，开创了完整教学原则体系之先河。19世纪德国教育家第斯多惠在《德国教师教育指南》中总结了33条教学原则。在现代教学理论中更有许多教学原则得以确立，成为教学论中研究内容十分丰富的一个领域。

（一）管理教学中的情感因素

1. 有利于在学校中营造情感教学的环境氛围

应用情感教学心理学原理于教学管理中是一种全员性策略，它有利于在学校中营造情感教学的环境氛围，可以让更多的教师参与情感教学活动。事实证明，教师的情感不仅会影响到高中学生对教师所教课的情感，而且会影响到高中学生的个性品质的形成。名师出高徒，有了"名师"对教学的无限热爱和追求，才会有同类情感的"高徒"。教师用自己对事业的追求精神去感染高中学生，引导高中学生的情感发展，对高中学生的品质的形成、内化至关重要。但是单靠个别教师注重情感教学是远远不够的。首先，如果只是依靠个别或一部分教师进行情感教学，这种教学的实施范围是有限的，可能只限于一些科目或一些班级中，这样会造成高中学生对教师有所偏好，不仅影响教师队伍之间的团结，而且影响情感教学的效果。其次，不能系统、完整地进行情感教学，使教师不能很好地认识到情感教学的重要性和必要性，进而影响对高中学生情感的培养和陶冶。因而在学校管理中，要将情感教学作为一个整体的目标来实现，让更多甚至全体的教师都参与到情感教育中来，实施情感教学和管理，营造情感教学的环境氛围，让每个教师都成为情感教学的播种者。

2. 可以提高教师的教学能力

传统的课堂教学管理只注重教师知识的讲授，忽视教师的情感因素，更不重视调动教师积极的心理因素。这种忽视情感因素的教学管理有其深刻的历史根源。它的文化背景是西方近代工业与科学的发展，以及受其影响的知性思维方式。其根本缺陷在于将认知从情与意中剥离出来，将真从善与美中抽取出来，撇开情感与意志认知的发展，从而走上了唯理智主义的道路。这种唯理智的教育观，已经深深地影响了众多的教师和教育管理者。教师，是高中学生一生中最值得崇敬的人，这种崇敬不只是基于教师有着丰富的知识内涵，也不只是基于教师有着强烈的情感，而是知识和情感两者完美地结合。许多心理学研究都表明情感因素是影响教学质量的一个重要因素。积极丰富的情感能促进认识，提高学习效率和效果，还可使高中学生的个性品质得到全面发展。在教学活动中师生围绕教学材料进行认知加工和交流的同时总是伴以情感体验和传递，这是一个情知交融的过程。同时教师的情感和高中学生的情感之间存在着相互影响的关系，也是一个交融的过程，因此教学过程中就要探索师生之间的情知交融和情景交融。充分利用情感因素，可引导高中学生自主学习，提高课堂教学水平和效果，增强教学活动的引导性和感染力。把情感教学心理学原理应用于日常教学课堂中，能够促进全体教师学习情感教学心理学，运用情感教学心理学，提高其教学理论素养。

要适当地应用情感教学心理学原理于课堂教学管理中，就要求教师应用情感教学心理学原理，设计教学方案，组织教学活动，调动高中学生的学习情感心理。这样，既提高了教师自身的教学水平，又开发了高中学生的非智力因素及学习潜能。因此，这样的教学管理对教师提出了更高的要求，要求教师必须从传授型的教书匠转变为研究型的教育家。

（二）教学管理中如何落实情感因素

1. 制订工作目标时考虑情感因素

首先是对学校整个工作目标的确定，引导教师们能据此来工作，从而达到凝聚人心的目的。学校要以目标引导人、以形象感染人、以机制促进人、以环境熏陶人，才能凝聚人心，形成良好的教师群体，不断提高学校的办学水平。而凝聚人心的前提就是目标引导，不断进取的办学目标是凝聚教职工人心的必要前提，可以把人的心理能动状态推进到一个新的高度。目标有集体目标和个人目标之分，应该说，在新的形势下，教师的个人利益与学校的集体利益在根本上是一致的，只要将积极向上的办学目标与教师的个人目标结合起来，就能使教职工产生强烈的自主意识、成功意识，化为共同奋斗的强大动力。

其次是制订教师情感工作目标。单就教师工作目标本身来说，它是一种计划和程序化活动的结果，是没有情感因素的，一个工作目标可以适用多个相同教学任务的教师。但针对每一个教师来讲，就会体现情感因素。教师技术职称与学识水平的高低，教学能力与组织能力的强弱，年龄的大小，健康的优劣，生源的好差都决定了教师对工作目标的接受程度高低和情感体现的多少。

最后在制订教师工作目标时要考虑到情感的动力功能，充分考虑到个人对工作目标接受的情感因素。尽可能让所有教师产生良好情绪，体验被信任、被重用的喜悦情感。尽可能让教师在喜悦情绪的感染下产生动力增效功能，形成自我要求、自我激励、自我进步的动力。要做到这一点，作为一个管理者，首先应更多地了解、理解教师的需要，根据他们不同的需要，运用各种有效的管理方法，有目的地开展各项工作。例如，针对不同的教师可以采取不同的管理方式：对待新教师，着重对他们的教学工作给予更多的指导与帮助，让他们尽快适应工作要求；对待中青年教师，在教学和生活中给予他们同等的指导、关心；对待老教师，将工作重点更多一些放在关心他们的生活上。这样，让每一位教师的需要都得到适当的满足，产生积极的态度，进而产生良好的工作状态。又如，在用人的问题上，根据每位教师不同的知识结构、年龄、能力安排难度适当的工作，使他们在完成自己的工作时，伴随产生一种成就感，从而对自己的行为进行强化，并不断进行自我调整，确保工作目标的实现。再如，针对教师渴望有进一步深造和学习的机会，努力为教师创造良好的学习机会，鼓励他们参加各类教师培训。由于满足了教师的发展需要，因而他们的工作积极性十分高涨。学习进修既使他们个人的素质得到了提高，也使教育质量得到了提高，教师之间形成了你追我赶的良好竞争环境，工作情绪与动机都进入了一个良性状态，促进了教育教学工作的整体提高，教育质量的提高，获得家长更多的认可与肯定。这种结果反馈至教师，进而更优化了他们的工作动机，使他们始终保持饱满的工作状态。这更是情感动力功能带来的积极效应。

2. 设计课堂教学目标时加入情感因素

课堂教学目标中加入情感因素是指把教师在课堂教学过程中能自觉地、有意识地运用情感教学心理学的理论和技术，帮助高中学生提高课堂学习活动的认知、情感与行为技能列入教学目标实施之中。

课堂教学过程包括教学目标、内容、方法的设计，情感教学和情感教学管理等。传统的教学管理方法固然能达到实施教学目标的效果，但情感教学管理更侧重于教师情感心理品质，以及师生交往中的情感因素作用，重视教师自觉地、有意识地运用情感心理学的理论和技术激发高中学生的学习动机，维持和控制课堂秩序，教给高中学生学习方法等。当然有经验的教师有意无意、或多或少都在教学中做过这些工作，不过情感教学管理要求教师更加自觉、有意识、系统地运用情感心理学理论于教学实践中。

第三节 "思维发散"技术课堂教学智慧

一、思维发散的含义

思维发散是一种动态、多维度、多层次的立体思维，它在创造性活动中起着重要的、积极的能动作用，能把创新思维推向一个更高的层次，获得更多解决问题的途径。思维发散主要是借助想象或联想来求异创新，"思接千载，视通万里"，进而点燃创新的火花。

（一）思维发散特点

1. 流畅性

流畅性就是观念的自由发挥，指在尽可能短的时间内生成并表达出思维观念的数量。流畅性反映的是思维发散的速度特征。

2. 变通性

变通就是人们改变头脑中已有的思维模式，按照某一种新的方法来思考问题的过程。变通需要借助横向类比、跨域转化、触类旁通来实现，使思维发散沿着不同的方面和方向扩散，表现出多样性和多面性。

3. 独特性

独特性指人们在思维发散中做出不同寻常的、异于他人的新奇反应的能力。独特性是思维发散的最高目标。

4. 多感官性

发散性思维不仅运用视觉和听觉，而且充分利用其他感官接收信息并进行加工。思维发散还与情感有密切关系。如果思维者能够产生兴趣，产生激情，把信息情绪化，赋予信息以感情色彩，会提高思维发散的速度与效果。

5. 创新性

思维发散打破了固定的思维模式，有目的、有条理、有步骤地扩展思路，不断突破，从多方面达到开拓创新的目的。

（二）思维发散方法

1. 一般方法

材料发散法：以某个物品为发散点，设想它的多种用途。

功能发散法：从某个事物的功能出发，构想出获得该功能的各种可能性。

结构发散法：以某个事物的结构为发散点，设想出利用该结构的各种可能性。

形态发散法：以事物的形态为发散点，设想出利用某种形态的各种可能性。

组合发散法：以某个事物为发散点，设想它与别的事物进行组合，形成新事物的多种可能性。

方法发散法：以某种方法为发散点，设想出利用该方法的各种可能性。

因果发散法：以某个事物发展的结果为发散点，推测出造成该结果的各种原因，或者由原因推测出可能产生的各种结果。

2. 假设推测法

假设的问题不论是任意选取的，还是有所限定的，所涉及的都应当是与事实相反的情况，是暂时不可能的或是现实不存在的事物对象和状态。由假设推测法得出的观念有的可能是不切实际的、荒谬的、不可行的，这并不重要，重要的是有些观念在经过转换后，可以成为合理的、有用的思想。

3. 集体思维发散

思维发散不仅需要用一个人的大脑，有时候还需要用到其身边的资源，集思广益。集体思维发散可以采取不同的形式，比如人们常常戏称的"诸葛亮会"。在设计方面，人们通常要采用"头脑风暴"，即每个人不论想法是否可行都要说出来，只要自己能说通，都可以被大家认同，最后对这些观点和想法进行评估。

思维发散可以使人思想活跃，思维敏捷，能提出大量可供选择的方案、办法或建议，特别是一些别出心裁、完全出人意料的新鲜见解，使问题得到有效解决。

二、思维发散在教学中的作用

思维发散强调通过联想和迁移对同一个问题形成尽可能多的答案并寻找多种正确途径。在教学过程中，教师对高中学生进行思维发散的训练，可以为高中学生提供展示其创造性思维能力的机会，帮助他们开阔思路，丰富想象，变被动学习为主动学习，改善学习策略，提高学习质量。

（一）高中学生思维更灵活

在教学过程中，教师应引导高中学生发展求异能力和思维发散能力。发散式提问方式可促进高中学生沿着不同的方向思考，重新组合已有的知识，产生大量独特的新观点，因而可以培养高中学生思维的灵活性、变通性和新异性。

（二）拓展高中学生思维

高中学生因年龄原因，在思维形式上最初均偏重集中思维，思考、解决问题时往往简单地、机械地去寻求结论。教师在教学中应多进行思维发散训练，使高中学生变换思考角度，培养高中学生多角度、多方位去分析解决复杂问题的能力，从而促进高中学生创造性思维的发展。

（三）促进高中学生由正向思维向逆向思维转换

逆向思维是对正向思维进行补充，在正向思维不能解决问题时采用逆向思维可能会收到很好的效果。教师在教学时，适当地进行发散式思维训练，可促进高中学生由正向思维向逆向思维转换。

（四）高中学生由单向思维变为多向思维

在复习课和习题课的教学中，适当进行思维发散的训练，如设置一题多变，采用条件变迁和无条件开放，可构建高中学生的知识网络，开拓高中学生的思路，使高中学生思维由单向变为多向，提高思维发散水平。

（五）促进高中学生的形象思维和抽象思维相互作用

发散式思维可促进高中学生的形象思维和抽象思维相互作用，因此教师要引导高中学生运用思维发散将获得的感知，通过判断和推理转化为揭示有关问题本质的理论，让高中学生头脑中的具体事物的形象与抽象物理理论结合起来，使隐含的道理明显化，使高中学生在形象思维和抽象思维的相互作用中完成思维的转化，向更高层次发展。

总之，增强高中学生的思维发散能力，是培养高中学生创新精神的需要，是推行素质教育的重要途径，同时是教学改革的一项重要课题。

三、思维发散的教学智慧

（一）引导高中学生进行联想

"人类失去联想，世界将会怎样？"这是多年前的一句耳熟能详的广告语。的确，"联想"这个人类特有的功能在人们的生活中有着举足轻重的作用，特别是在教学中更是如此。

心理学家认为，联想主要是人们凭借形象思维，通过有形的物象之间内在的联系，架起一座"桥梁"，由此及彼、由表及里地认识、反映事物。同时，联想是一种创造性的思维活动，它是在观察的基础上，调动以往的生活经验，连通思路，对事物进一步认识分析后创造出艺术形象的过程。教师应在教学过程中通过相关、类似、对比等方式，有效地激发高中学生的学习兴趣，促进高中学生对知识的理解、记忆与运用，并在此过程中培养他们的创造性思维能力。

1. 引导高中学生在阅读中展开想象的翅膀

想象力是人类特有的一种能力。正是有了想象力，人类才能够超越常规思维的约束，冲破现有知识经验的局限，以大胆、奇特的方式对所要解决的问题进行创造性的探索，找出解决的途径。

许多人写文章，都喜欢"有详有略，详略得当"。如有时在人物的心理活动处留下"空白"，有时在故事的结尾设下悬念，有时在人物的对话中安排省略，有时在事件情节之间出现跳跃。这些空白、悬念、省略、跳跃，就是作者略写的地方。

在语文教学中，有些内容意义比较深刻，单纯依靠讲解难以打开高中学生的思路，教师可以以情动人，引导高中学生运用联想。

课文里往往有一些词句段落对表现中心思想有较大的作用，这一类词句或段落概括性强，蕴含着丰富的思想，与全文内容有密切的联系，起着画龙点睛的作用。抓住这些重点词句或段落来启发高中学生展开联想，能"牵一发而动全身"，引起高中学生积极思考，收到良好的教学效果。

2. 从不同点引导高中学生联想

叶圣陶先生说过："图画不单是文字的说明，且可拓展儿童的想象。"教师在教学中用好插图，有利于培养高中学生的观察、想象、语言表达及思维发散的能力。老师可以根据教材图文并茂的特点，在教学中充分利用插图，启发高中学生或绘声绘色地叙事，或栩栩如生地状物，或形神兼备地写人，或身临其境地谈感受，竭力熔诗、画、情、景、色、声于一炉，引发高中学生的想象。

有些课文没有插图，老师可根据课文感人的故事情节、生动的人物形象、典型的自然与社会环境、优美的语言文字，请美术教师画一些挂图或幻灯投影片，配合教学。这样，高中学生通过观察挂图或幻灯片激发他们的想象，使他们在联想中理解文章内容，扩展思维。

3. 延伸情节，丰富高中学生的联想

有些课文，文已尽，意无穷。有些课文，看似情节简单，实则含意深刻。

对此，老师在教学中应尽量运用联想教学，以唤起高中学生们头脑中的相关表象，引导他们或者延伸故事情节，或者补充课文内容，或者深化文章主题，让他们的创造性思维得到充分发展。

教师开展联想教学对高中学生熟悉问题、思考问题、创造性地解决问题有积极作用。教师在教学中应启发、引导高中学生展开联想，让高中学生学会融会贯通，举一反三，培养他们的思维发散能力，使他们形成开放的思路和广阔的视野。

（二）培养高中学生一题多解能力

思维的广阔性是思维发散的一个特征，但传统的定式思维却在很大程度上禁锢了高中学生思维空间的拓展。而培养高中学生的一题多解能力就可以克服此弊端，有效地拓展高中学生的思维，给他们自由思考的空间，使他们在探索中提高思维能力。

引导高中学生尝试一题多解，有利于充分调动高中学生思维的积极性，提高高中学生综合运用已学知识解答问题的能力；有利于提高高中学生思维的灵活性，促进高中学生知识与智慧的增长；有利于拓展高中学生的思路，使他们灵活地掌握知识之间的联系。

教师在教学活动中，对于同一个问题，可以从不同角度、不同思路，运用不同的方法和不同的运算过程，来启发和引导高中学生思考，以培养其发散思维能力。

1. 同一问题，引导高中学生多角度思考

对于同一问题，教师首先要求高中学生通过独立思考解决问题，发展他们的自主学习能力和探究能力。在其后的方法交流、汇报过程中，高中学生通过比较，取长补短，提高解决问题的能力。

追求方法多样，就可以用不同的方法解答同一问题，从而产生最简单的方法。注重答案不唯一，只要是合理的答案都是正确的。因此，教师应经常引导高中学生做一些一题多解的题，并让他们从不同角度思考，这样，既可以培养高中学生的创新能力和实践能力，又能训练高中学生发散思维的能力。

追求一题多解不但可以使高中学生掌握解答习题的方法，而且能激发高中学生探求新知识的主动性和创造性。在此过程中，高中学生的智力得以开发，能力得以培养，学习方法得以改进。

2. 通过一题多解，强化高中学生的发散思维能力

在解决问题的过程中，如果主体所接触到的不是模式化的问题，那么就会尝试进行创造性的思维，进而产生一种解题策略。所以策略的产生及其正确性被证实的过程，常常被视为创造的过程或解决问题的过程。追求一题多解的过程就是这样一种创造过程。经常性地引导高中学生进行"一题多解""一题多变"的训练，可以使高中学生从整体、部分、已知、未知等不同角度，运用直接法、间接法等不同的方法，调动多种知识处理同一个问题，从而拓宽知识面，沟通知识间的联系。

四、培养创新思维智慧

（一）创新思维的含义

1. 思维主体的能动性

创新思维是创新主体的一种有目的的活动，而不是客观世界在人脑内简单、被动的直映，充分显示了人类活动的主动性和能动性。

2. 思维空间的开放性

创新思维需要从多角度、全方位地考察问题，而不再局限于逻辑的、单一的、线性的思维，形成开放式思维。

3. 思维过程的辩证性

创新思维既包含抽象思维，又包含非逻辑思维；既包含发散思维，又包含收敛思维；既有求同思维，又有求异思维等，由此形成创新思维的矛盾运动，推动创新思维的发展。创新思维实际上是各种思维的形式的综合体。

4. 思维形式的反常性

它具体体现为思维发展的突变性、跨越性或逻辑的中断，这是因为创新思维主要不是对现有概念、知识进行循序渐进的逻辑推理的过程和结果，而是依靠灵感、直觉或顿悟等非逻辑思维形式。

5. 思维成果的独创性

独创性是创新思维的直接体现或标志，常常具体表现为创新成果的新颖性及唯一性。创新思维就是这样一种独特的思维。教师如果在教学过程中注重培养高中学生的创新意识，让高中学生学会用创新思维思考问题，就会发展高中学生的创新能力。

（二）创新思维作用

创新是人类的希望、民族的希望。从钻木取火到蒸汽机的发明，从烽火台的狼烟到互联网技术，从以车代步到飞机的发明，从幻想嫦娥登月到现实中的漫步太空，一部人类文明的发展史，就是一部不断发展、不断超越、不断创新的历史。

创新是一个民族进步的灵魂，是一个国家兴旺发达的动力，也是一个人在事业上永葆生机和活力的源泉。实践证明，善于创新的人脑子比较灵活，解决问题的办法比较多。具体说来，创新思维对高中学生发展的重大意义，大致可以归纳为以下几点。

1. 创新思维可以决定高中学生发展的深度

创新思维的差异，会导致高中学生的发展出现不同的结果。在教学过程中，培养高中学生踏实肯干的精神固然重要，但从某种意义来说，如果没有创新思维（应变思维、超前思维、联想思维等），高中学生就很难走向成功。因为缺乏创新思维的高中学生，思考问题时往往会停留在一个点上，不会进行深入或广泛的思考，这就导致其无法向更高的目标发展。

2. 创新思维可以决定高中学生发展的广度

古今中外，有所建树、有所作为、有所创造的人，几乎都具有很强的创新思维能力。他们凭借高超的创新思维能力，对事物进行优化组合、正确评价，对信息进行科学判断、认真梳理，最终为自己开拓出一片广阔天地。高中学生亦是如此，如果没有创新思维，他们就只能在狭小的思维圈子里打转，即使在这个小圈子里，也会经常裹足不前。

3. 创新思维可以增强高中学生的勇气与自信

如果高中学生的创新思维能力比较高、比较出众，他就敢于说他人没有说过的话，敢于做他人没有做过的事，敢于思考他人没有思考过的问题。在一定程度上，创新思维能力的强弱，可以决定一个人的勇气、胆识的大小。

4. 创新思维可以帮助高中学生进行自我设计

有没有创新思维能力，有哪个方面的创新思维能力突出，能否准确了解、把握自己创新思维能力及其表现形式，对高中学生的自我发展定位和目标设计具有重要作用。创新思维能力强，可以使高中学生正确认识自己，科学地进行自我设计，从而更好地锻炼自己、修正自己、发展自己、完善自己。开发创新思维，可以激发人的潜能，而开发高中学生的创新思维，则意味着培养未来中国的高素质的建设者。积极培养高中学生的创新思维，让高中学生成为具有开拓进取精神的人才，应该成为当前教育的重要课题。

（三）营造环境

1. 借助提问，激发高中学生的创新意识

提问是教师在教学时常用的方法之一，提问能力是任何一位教师在组织教学时必备的基本功。教师精心设计的提问，能有效地培养高中学生的创新意识，激发高中学生的好奇心和想象力，能激励高中学生敢于尝试和冒险，启发高中学生不满足于现状，大胆探索的精神。

陶行知曾经说过："处处是创造之地，天天是创造之时，人人是创造之人。"创造没有固定的模式，生活中也时时、处处存在着创造的机会。所以，教育不应给高中学生设置各种条条框框，让高中学生去钻、去套，而应积极地激发高中学生去寻找、去发现、去创造。高中学生提出问题的能力，远远比回答问题的能力重要。教师应千方百计地给高中学生创设适当的问题情境，扩大高中学生的创造空间，让高中学生展示自己的想象力和创造力，尽情地释放创造能量。而对于高中学生表现出来的创造欲望哪怕是一丁点的火花，教师都应该像妈妈呵护孩子一样，精心地保护，多给予鼓励。这样，高中学生创造的幼苗才不会被扼杀在萌芽状态，才会朝气蓬勃地生长。

2. 学会放手，培养高中学生的创新意识

有效的学习活动不能单纯地依赖模仿与记忆，动手操作、自我探索与合作交流也是高中学生学习的重要方式。因此教师要给高中学生提供自主学习、活动的时间和空间，使高中学生有机会创新，变被动学习为自主学习，主动去发现问题，积极学习知识，探求解决问题的方法。总之，**教师要学会放手**。开展创新教育的关键是教师要善于在教学中引导高中学生开展创新学习。创新学习是一种让高中学生学习提出新问题、新想法、新结论和创造新事物的活动，其最大特点是推陈出新。教师引导高中学生进行创新学习，就是鼓励高中学生以创新的态度去对待学习对象，促使高中学生在学习中想得多、想得新、想得巧，从而培养他们的创新精神和创新能力。要做到这一点，就需要教师尽量给高中学生留一点创新的空间和时间，提供一些创造的机会。

3. 尊重与扶持高中学生创新意识的发展

在人的心灵深处，有一种根深蒂固的需要，就是希望自己是一个发现者、研究者、探索者。而在儿童的精神世界中，这种需要特别强烈。对于高中学生的这一心理，教师应给予充分的关注，尊重高中学生的主体地位，承认高中学生是学习的主人，多给予鼓励，让他们觉得自己就是一个发现者、研究者、探索者，并且通过创新体验到成功的快乐，这样，他们才会对创新有兴趣、有激情。当高中学生的创新思维不够成熟，甚至有些偏颇时，**教师**也不应该立即否定他们、批评他们，而应该宽容他们、理解他们，并及时给予指导和充分的肯定，相信高中学生可以实现有价值的创新。这样一来，那些无创新意识或对创新有畏惧感的高中学生，也会在教师的推动下，产生创新的兴趣。

（四）夯实思维创新基础

1. 在变通中培养高中学生的求异思维能力

习惯性思维指人们运用一种习惯的思路、固定的思维方式来考虑问题的思维方式。在学习过程中，习惯性思维固然能使人举一反三，触类旁通，但也会妨碍思路的开阔，使有些问题得不到实质性突破。高中学生思考问题时，受习惯性思维约束，往往跳不出条条框框，不是围着书本和教师转，就是生搬硬套，只知其然，不知其所以然。要想提高教学质量，提高高中学生素质，教师就应结合高中学生实际，让高中学生学会变通。变通，就是不拘泥于常规、常法，破除落后的习惯和传统观念，并展开联想，及时调整原有思维的过程。变通是典型的求异思维。

因此，要想变通地看问题、解决问题，只有摆脱习惯性思维方式的束缚。教学中，当高中学生已经较好地掌握一般方法后，教师应注意引导高中学生离开原有思维轨道，从其他角度去思考问题，变通思维；当高中学生的思路狭窄、闭塞时，教师要善于引导高中学生建立与旧知识和解题经验有关的联系，做出转换、假设等变通，产生不同于一般的解决问题的设想。这样，在变通的基础上产生求异，在求异的基础上得以创新。

2. 要及时肯定高中学生的奇思妙想

数学大师波利亚曾经断言："要成为一个好的数学家，你必须首先是一个好的猜想家。"在高中学生说出意料之外的猜想、判断时，教师不要急于判断对错，不妨给他们一些表现的机会，说不定精彩的求异思维就此产生。在分析和解决问题的过程中，高中学生能别出心裁地提出新的想法和解法，是思维独创性的表现。尽管从总体上看，高中学生这种独创还处于较低层次，但可能隐藏着未来的大发明、大创造。教师应积极地鼓励高中学生换个角度思考问题，大胆提出与众不同的想法与质疑，独辟蹊径地解决问题。当发现高中学生的独特见解与奇思妙想时，教师要及时给予肯定，促使高中学生的思维从求异向创新推进。

3. 借助点拨激发高中学生的求异思维

斯特娜曾在《斯特娜夫人的自然教育》一书中指出："高中学生丰富的想象力比拥有亿万家私都宝贵！"然而，某些时候，高中学生也有可能想不出来。这时就需要教师这个伯乐及时进行点拨，给高中学生一点灵感，让他们生成灿烂的创新之花。很多时候，教师的点拨会起到"四两拨千斤"的作用，引出高中学生无数个想象之花来。求异思维是创新的基础。高中学生的创新活动是在无拘无束的环境下进行的，教师的期待、激励、点拨，都是为了让高中学生手执金钥匙去开启创新的大门。在这样温馨、自由的环境中，高中学生的创新热情和才能将得到空前提升。

第四节　"美感体现"技术课堂教学智慧

一、教学美感原则

（一）知觉造形原则

教学要成为美的形态出现在高中学生面前，离不开形象的创造。形象的创造与审美主体发生着直接联系。主体的审美知觉对客观的把握又总是整体的，比如对感觉元素（形、色、光、音）的分析总是在整体过程中进行的。审美知觉作为审美主体对审美客体的一种情感性的把握可以说是全部审美活动的基础，因此，要在教学中创造美的形象，首先要遵循知觉造形的原则。

心理学实验证明，在整个知觉系统中，视知觉占举足轻重的地位，而审美视知觉是审美感知的基础。审美视知觉具有整体性与主动性两个特征，其整体性和主动性主要表现在视觉对对象的积极组织和整体建构。人类的感应是建设性的而非消极的。它总是把不完美的图形改造为比较对称、规则、完美的图形。格式塔心理美学的代表阿恩海姆将此称作"完形压强"。这种"完形压强"的产生来自主体的一种能动地追求内在平衡的自我调节倾向。格式塔派学者也认为只要条件允许的话，心理的组织作用总是力趋完善。心理学家研究也证明，知觉并不是被动地将各种感觉要素加在一起的，而是主动地将全部感觉器官参加到整体的协同过程中去，并通过中枢神经将要素整合的。实验心理学家认为，知觉把视野中的一些分散的刺激加以组织构成了具有一定形状的整体，知觉是在中枢进行的一组整合的运动。可见，审美视知觉的完整性建构活动需要各种器官的协同进行。

（二）情感转移原则

教育与艺术有许多相似之处。一位成功的艺术家如果没有激越的情感是不可思议的，同样，一位出色的教师，不是在情感对流的气氛中去影响高中学生的心灵，也是不可思议的。艺术美有待于艺术家情感强力的驱动，教学美也需要教师真挚情感的灌注。情感既是一种客观表现，又是一种主观体验。这种体验所构成的恒常的心理背景或一时的心理状态，对工作乃至事业的成功起着重大的促进作用。

情感的转移原则所要讨论的是情感对高中学生的认识和良好性格形成的功能以及它们之间的关系。高中学生参与教学活动的心理因素主要是两种：一种是认识因素，也称智力因素，主要由感知、记忆、想象、思维等要素组成；另一种是情感性因素，也称非智力因素，主要由动机、兴趣、情感、意志、性格等要素组成。非智力因素在人们的认识和创造活动中起着动力、定向、激励、维持、强化的作用。可以说，它直接关系到人们认识和创造活动的效率、价值乃至成败得失。有些学者把智力因素称为操作系统，把非智力因素称为维持系统，这是不无道理的。操作系统的运转动力、方向、速度和功率，要依靠维持系统的正确调节，否则，操作系统就可能失去方向、动力以及应有的速率。因此，两者相互依存，密不可分。一方面，智力因素促进非智力因素，表现为教育对象通过多种智力活动使智力转化为稳定的心理特征，从而纳入个性心理结构之中而成为非智力因素；另一方面，非智力因素反过来促进智力因素的发展，表现为思维的动因以及认识和创造活动中的情感和自控的作用力量。

（三）双向同构原则

在教学中，师生之间的情感交往作为一种矛盾运动总是以信息形态出现的。其中语言信息首屈一指，知识信息、情感信息等总是以语言为载体使高中学生逐步接受的。教师在课堂内外通常是通过口头表述来进行传播的，作为施教者的教师来说，他不但要使这种传播达到"物理效应"，即实现语言的精确、准确和清晰，而且要讲究"教育效应"，即实现教育者潜在的提高。

从交流角度来说，口头语言作为听知觉的感应体，要畅通顺利地让高中学生所接受，教师很有必要研究一下信息与信道的关系问题，这是实现师生双向同构的重要一环。语言作为传播工具存在着两个平面：一个是长度，它是指语言符号的线性排列；另一个是难度，它是指语言信息进入信道的容许限度。在教学过程中，教学的信息只有在与高中学生的接受能力相符合时，才能有效地使信息通过信道而为高中学生所接受并且理解。如果语言的信息大于高中学生的接受力，那么，信息大于接收通道，信息难度增加，信息也就容易受阻。信息的受阻，往往会影响师生之间的交流。当然，师生交流受阻的原因很多，从高中学生方面分析，一般有情绪障碍、动力障碍、智商障碍、生理障碍以及环境障碍等。心理学实验研究和教学实践证明，情绪障碍对师生交流的负效应最大，而情绪障碍造成的原因，可以说，来之于教师，形成于双方。因此，教师必须在重视信息处理的同时，特别注意师生之间的双向同构问题。

（四）多样统一原则

多样统一是形式美法则的高级形式，美学上也叫和谐。和谐是客观事物本身所具有的一种比较完美的特征。事物的外在特征，称之为"形"，比如大小、方圆、高低、长短、曲直、正斜等；事物的内部特性，称之为"质"，比如刚柔、粗细、强弱、润燥、轻重等；事物的运动特征，称之为"势"，比如疾徐、动静、聚散、抑扬、进退、升沉等。这些对立的因素并不是孤立的，而是有机地统一在事物的整体之中，这就形成了和谐。因此，比利时哲学家认为："整个宇宙的美就在于它的多样统一性。"他说："这个物质世界如果是由完全相像的部分构成的，就不可能是美的了，因为美表现于各种不同部分的结合之中，美就在于整体的多样性。"多样统一法则的形成与人类自由创造内容的日益丰富是分不开的。人们在创造一种复杂的产品时，要求把多种因素有机地组成在一起，使人们感到既丰富又简约，既活泼又有秩序。这种效应的产生，其原因就在于对称、均衡、对比、节奏、比例等因素的协调。

二、形象教学与美感

（一）形象与创造

1. 想象整合性

想象总是把经过改造的各个成分纳入新的联系之中而建立起新的完整的形象。这种整合性，在艺术创作中尤为突出。作家与诗人对生活中的一切，不仅要有特殊的敏感，还要有对此独特的领悟，并用自己的心灵对来自客观现实的材料进行加工整合，从而"化景物为情思"。因此，艺术构思的过程，实际上是艺术家依据一定的中心在自己的意识中把丰富而零乱的审美感受孕育为完整的形象体系的思维过程。想象力是创造力，也是一种综合的原理。它的对象是宇宙万物和存在本身所共有的形象。

请看唐代诗人张继的《枫桥夜泊》诗："月落乌啼霜满天，江枫渔火对愁眠。姑苏城外寒山寺，夜半钟声到客船。"全诗所展示的这幅完整的图景，实际上就是以诗人生活中的映象组合而成的。诗人巧妙地将"月落、渔火、客船"等视觉形象以及"钟声、乌啼"等听觉形象在组合的基础上进行艺术加工，形象地创造出了"枫桥夜泊"的幽静境界。可见，想象的整合性是想象获得新的形象的关键。

2. 想象超现实性

有人认为，想象是主观的一种臆断，因此往往带有神秘性和盲目性。其实，创造性的想象，不但不会违反客观规律，而且正确地揭示了客观规律。创造性想象富于形象，它能够创造概念和概念体系，这些概念在感觉上没有和它相应的东西，但是在现实中总是有某种东西和它对应着的，因此想象总是孕育着新奇的思想，事实也确实如此。许多"形象概念"都是从想象中得到的。比如有机化合物苯分子的结构式，就是运用想象将现实中的"龟壳"图形结合起来而形成的一种"形象概念"。德国化学家凯库勒曾在1858年提出了碳原子在有机分子中相连成长链的碳链学说。但是，苯分子中的六个碳原子的结构还是一个谜。他殚精竭虑，百思不得其解。有一天，他在书房里烤着火，一阵倦意袭来，似乎看到长长的碳链像一条条长蛇蹁跹起舞，忽然有一条蛇咬住了自己的尾巴。于是，他悟出了苯分子中的碳链是一个闭合的环。凯库勒在无意识的想象中发现的苯环结构，终于在后来的研究中得到了证实。以想象为基因构成的"形象概念"反映了现实，但又超越了现实，它体现了科学中一种全新的思想。

3. 灵感

灵感是创造性思维过程中普遍存在的一种客观现象。对于一些曾集中精力、长时间反复探索而又尚未解决的问题，人脑有时会有意无意地突然出现某些新的形象、新的思想，产生一下子使问题得到澄清的顿悟，这种现象即灵感。

在创造性思维的过程中，既有长时期的准备和积累，又有短时的攻关和突破；既有经久的沉思，又有一时的顿悟。灵感就是在长期创造性实践和思考活动的基础上，思维活动发展到一定节点时所产生的一种质的飞跃。不少事例还表明，灵感常常是受某事物的启发而产生的，这种起启发作用的事物被称之为"原型"。在周围的客观世界中，隐蔽着大量的"原型"。因此，教师在教学中，应该努力去挖掘这些"原型"，并引导高中学生们善于发现这些原型和所要寻找事物之间的相似之处，发现它们之间的隐蔽关系，从而激发学生们创造的灵感。

（二）形象教学过程方式

1. 感官协同活动

客观事物作为一种形象出现，往往表现为多种特性的复合刺激物，因此，在教学中，教师应该引导高中学生通过多种感官的协同活动来提高感知的效果。就以记忆来说，单纯依靠听觉，其记忆效果只能达到15%，而依靠视觉图像获得，其效果也只有25%，如果将两者结合起来协同活动，也就是说既听又看，那么记忆效果能达到65%。为什么协同活动能够提高记忆效果呢？心理学实验证明，这是因为不同分析器的协同使用，可以从不同侧面去把握对象的特征，从而使主体能在众多信息的综合分析基础上去认识对象，记忆对象。

2. 形象与语言的配合

人的感知是在两种信号系统的协同活动中实现的。语言可以使人们感知的更迅速、更完整、更富有理解性。特别是在对象环境复杂以及对象外部标志不明确时，语言往往可以补充感知的不足，提高感知的效果。比如以图画进行数学教学，无疑会提高高中学生的学习兴趣，但教师如果仅仅停留在图画的直观形象上而不通过语言来启发高中学生掌握其中的数量关系，那会把高中学生束缚在直观的感知上。

3. 形象的储存

完成了形象的感知并不意味着形象教学的结束。在教学中，形象的感知是为了让高中学生在思维需要时将它再现出来，而再现的前提是高中学生头脑的仓库里必须存在"形象"，所以，"形象"感知之后，还需要有一种积储过程。头脑里的表象储存得越多，思维和想象就愈鲜明，生动，有内容，所谓

"呼之欲出，用之即来"也就是这个意思。

心理学研究证明：表象的概括性以及表象向概念思维过渡，与人的语言作用是分不开的。现代心理学家大都认为，表象是双重编码的，既可以是图像编码，也可以是语言编码。图像和语言在一定条件下是可以互译的。抽象概念的相互限制可以成为一种具体的图像。比如：铁、百、公、二、桶、斤、大、重，这些词所表达的只是一些抽象的概念，而在经过一定的编排和相互限制以后，它们就能表达出一个具体的对象：二百公斤重的大铁桶。图像也完全可以通过编码而以语言的形式储存起来。任何情景中的形体、音响、色彩、线条，从整体到细节，都可以用一个又一个词去概括。在语言教学中，有经验的教师往往创设一些可感的情境，或者呈现一些物体的有序运动状态，让高中学生们以语言的形式表述出来，这实际上就是互译的过程。在可感觉的、生动的情境以及事物有序的运动中，不论是它们外部表现的，还是内部蕴含的，都包含着词、句、段的组合变化和扩展，也包含着语言有规律的运动。事物的变化总会唤起一个个抽象概念的形成，而这些概念又往往伴随着形象进入高中学生们的意识，并长久地储存在他们的记忆中。一旦遇到情境的刺激、情感的呼唤，他们就会由情绪联想到词，再由词联想到某一种情境。这种将词与形象有效地结合起来促进语言发展的方式，也是形象储存的一种很好的方式。一个出色的教师，应该不断地在自己的头脑里储存和丰富与教育有关的表象，并逐步形成多层次、多系列的表象群。与此同时也要了解高中学生原有的表象储备情况，并根据教学要求不断地、有层次地去补充，从而使他们的认知不断地深化。

4. 形象的再现

所谓形象的再现，实际上就是把储存的表象通过一定的方式再现出来。刚才已经讨论过了，图像可以通过编码以语言的形式储存起来，这种储存的目的就是在需要时让它再现出来。因此，"储存"是"再现"的前提，而"再现"则是"储存"的目的。在众多的学科中，数学可以说是最抽象的学科了。数学高度的抽象性主要表现在数学完全脱离了具体的空间形象以及具体事物的数量关系，对于这种剥离具象的纯数量关系，要透彻地认识它需要一定的基础。高中学生在这一面还缺乏一定的理解能力，因此，要使他们顺利地接受新知识，就需要运用"形象再现"的方法。通过直观语言和感性材料的辅助，填补学生经验不足的空白，使他们从具体事物中感知，在可感形象面前思考，从而使抽象与形象构成一个统一体。数学严密的逻辑性，也会给高中学生带来认识上的困难。数学的逻辑性是指数学知识之间严格的序列性和联系性。每一个较后的原理总是由较前的原理推演出来的，因此，每一个较后的概念也总是依靠前面的概念来解释的。这种紧密的衔接性，决定了每一个新知识的学习都要以旧知识的"再现"为拐棍，从而完成由旧到新的过程，而旧知识的再现过程正是大脑储存的"形象"的再现过程。

物理教学也是一个比较注意抽象思维的领域。诺贝尔物理学奖的获得者美国物理学家谢尔登·格拉肖指出："在我们研究物理问题的时候，往往会用到现实世界中的各种形式。对世界或人类社会的事物形象掌握得越多，越有助于抽象思维。"当然，格拉肖是就形象思维对抽象思维的作用而言的，但是，他的话对再现物理教学中的形象来开阔高中学生的思维无疑是一个很大的启示。在语文教学中，"形象再现"的教学方式更有着较大的启迪作用。语文教材中的许多词语与有关事物的表象联系着，如果单纯从字面上去做机械的解释，往往牵强附会，也不易被高中学生所记忆。相反，如果教师能有意识地唤起高中学生储存的表象，使高中学生将一些与语词有关的表象再现出来，高中学生就容易理解了。有位教师在解释"瓜分"一词时，让高中学生回忆夏天切西瓜的动作形态，就形成了与这个语词相适应的新表象，"瓜分"一词就容易理解了。

（三）形象教学审美特征

1. 形象的直观美

美总是通过具体可感的形象表现出来的。车尔尼雪夫斯基指出"形象在美的领域中占着统治地位"。聆听一首美妙的乐曲，观赏一幅动人的图画，领略一片明丽的风景，都会在形象的直接观照中获得精神上的愉悦。因此，形象的直观性，一方面在于审美主体知觉的主动性，另一方面在于客体形象的整体性。

人的感受总是通过视觉和听觉获得事物的完整映象和总体感知的。形象感受力作为一种审美活动的心理功能，并不是把刺激物感知为孤立的各个组成部分，而是将其感知作为一个统一的整体的。人们欣赏荷花，产生一种"出淤泥而不染，濯清涟而不妖"的美感，就是因为人们把它作为整体的"荷花"形象来感知的，而不是将它分解为荷花、荷叶、枝干和果实之后，再把这些感受相加起来的。荷花洁净如洗，挺拔直立，婀娜多姿，于是获得了一种心理的满足和愉悦。格式塔学派把这种心理的满足称之为"场效应"。同样，欣赏诗歌、小说，读到的绝不是一大篇胡乱堆积的语词和句子，而是足以唤起"内心视像"的生动的文学作品。我们欣赏绘画雕塑，看到的也不是复杂无章的线条、色彩和形体的拼凑，而是有意味的视觉形象。形象的这种整体感是由于主客体的共同构建造成的，与主体知觉的补充完善是分不开的。齐白石在画虾的时候，从不画水，但无须做任何解释，人们自然会确信虾在水中游，舞台上没有马，演员只是把马鞭在空中扬了几下，在台上转了几圈，人们也便自然明白这是扬鞭催马，奔赴疆场。形象总是留给观赏的人们以无限的想象和补充，"意到笔不到，不到即到也"。

2. 形象的意蕴美

无论是自然形象还是人工制品，均可在人的情感关注中获得美的意蕴。自然形象的象征意义，实际上是一种意蕴美。比如一棵松树，从本身来说，没有什么美的地方。如果是一棵树皮剥落的古松，从外表观之，不但不美，甚至还有些丑。然而，当主体在形象中见出其中一种饱经风霜、不屈不挠的性格时，松树就成为一种精神的象征，也就是具备了一种形象的意蕴美。在教育和教学中，形象的这种意蕴美广泛地运用着。教师对高中学生们进行诚实教育，就让高中学生们观赏晶莹剔透的水晶，赞美它的洁白无瑕，高中学生们很自然地把水晶精神作为自己美德的目标；教师对高中学生进行热情教育，就让高中学生们感受春风的温暖，高中学生们也很自然地以和煦的春风为榜样，投入校园和社会助人为乐的热潮中；教师对高中学生进行团结教育，就让高中学生感受大雁的形象，教育高中学生们像大雁那样爱群体、爱伙伴、守纪律。形象的意蕴不是凭空想象的，象征的意义也不能随意加到某一事物身上的。人们在挖掘形象的意蕴时，总是抛开一切与美无关的东西，而是抽出事物中美的独特部分，并将它与人物的品格有机地联系起来，从而构成形象特殊的意蕴。如果在教育中让高中学生们了解这种独特的美感与有机的联系，那么，形象的意蕴美将显示出更大的效应。比如在要求高中学生们发扬大雁精神时，可以让他们了解一些大雁生活和飞翔的有关科学知识，高中学生们知道得越多，越有利于大雁的象征意蕴的形成。大雁为什么在北上或南下的飞翔中排成"一"字形或"人"字形的队伍呢？高中学生们知道，一是团结，二是整齐。而大雁团结的精神是否仅仅表现在合群同行上呢？这里，还有一个科学道理。据生物学家研究，大雁之所以排成整齐的队形，与气流的形成有关。在"一"字形的飞行过程中，后一只大雁在飞翔中由于翅膀拍动而产生的气流，会帮助前面一只大雁更快地飞翔，所以他们总是让形体小的、体力弱的大雁飞在前面，让体力强、形体大的飞在后面，这样，你帮我，我帮他，形成了一个和谐的、团结的整体。让高中学生们了解这些知识以后，大雁的形象会更加完美。春风的温暖形象、高山的崇高形象、蚂蚁的勤劳形象，以及许许多多为人们所赞美的事物形象，无不在高中学生们的心目中留下不可磨灭的美的形象。当然，这种美的形象，还需要我们去寻找，去挖掘，需要教师在一定的知识、想象和情感体验基础上进一步创造。

第六章

优化高中信息技术的智慧课堂

06

第一节　教学方案的个性化

一、个性化教学研究的必要性

"策略"一词泛指计策和谋略。而教学策略不是具体的方法、规定，而是在一定教学思想的指导下，根据一定的情境，不断调适、优化实施过程中各因素关系而采用的总体工作方案，以使教学效果趋于最佳的系统决策与设计。包括如何选择和组织各种教学材料和教学方法，如何运用各种教学设备和手段，如何确定师生的行为程序等，以提高教学效率。为此大部分人认为：个性化教学是指所有适应并关注学生个性发展的教学，是一种以学生个别差异为出发点，以学生为主体积极参与教学过程，培养学生按自己的实际情况自我构建、自主习得，从而达到实现自我，发展个性，培养健康人格的活动过程。

（一）实施高中信息技术教学是实践新课程的需要

新课程建设的根本价值取向是使每一个学生都得到全面的发展，即让不同的学生在信息技术领域的教学中都得到适合的发展。从某种意义上说，学生学习就是学生个性化的发展，对待每个学生的教学方式都不尽相同。也就是说，无论在小组学习中还是在学习的各个方面都不存在非个别性的学习，所有学生的学习都是个性化的学习。而传统的教学方式则较为注重知识的灌输，不注重学生个性的发展，在教学的过程中采用相同的教学材料、相同的教学方法，并且要求学生学习的步骤相同，这样造成的结果就是学习不好的学生跟不上，学习好的学生得不到知识的满足，最终限制学生的发展。因此，现代教育要求进行个性化教学，倡导发展学生个性的信息化教学课堂，同时进行个性化教学模式及策略的研究。

（二）实施信息技术个性化教学是促进学生个性健康发展的需要

对于高中学生来说，他们的思考方式、知识的需求、学习上的优势、学习的风格都是不同的，只有针对高中生的具体情况对其采取适合其自身的个性化的教学，才能使课堂效率达到最大值，即使用个性化的教学模式进行课堂教学。

传统的教学模式在教学方针上一味寻求共同发展，忽视了学生的个体差异，在课堂上要求学生遵守课堂纪律，顺从教学的思想，这样的课堂教学忽略了学生个性的培养，同时压抑了学生的个性，这样不利于学生创新精神的养成和提高，甚至严重时会使学生丧失学习的动力和信心，导致学生厌学、不学，造成学习上的心理障碍。而个性化教学的实施，主要突出的是学生的个体差异性，针对学生的个性而进行的教学，能够使学生更适合课堂教学的进行，提高学习效率。教师在进行课堂设计时要精心设计课堂教学的模式及内容，要使用新的、能够适应个性化的教学策略，以最大限度地满足学生个性化的要求，同时体现对学生差异性的关注和重视，也就是要关注每个学生的道德素质的养成和人格的形成。

（三）实施信息技术个性化教学也是教师专业化发展的需要

新课程的教学经验的结果显示，在课堂教学中教师的教与学生的学要形成统一，这种统一就是教师与学生之间的一种交流，一种沟通，一种互动的过程。从课堂教学的实质来说，就是教师与学生关于信息相互交流和共同发展的过程。而随着信息更新速度的加快，学生对知识的需求也在发生改变，教师需要一定的教学素养来满足学生对知识的需求以及对自我表现的评价。教师只有不断地学习、进修，不断地完善自我知识的体系，才能不断适应时代发展的要求以及学生成长的要求，只有这样，教师才能更好地为学生服务，更好地促进学生的发展，更好地适应社会对学生的要求，更好地达到师生共同发展的目的。

二、实施个性化教学的策略研究

新的课程标准要求：教师要根据学生的实际情况，有针对性地设计课堂教学的内容、模式以及具体的实施方案，教师在教学过程中要有意识地重视学生个体间的差异，要做到因材施教、个性化发展，要使每个学生都能在原有的基础上得到相应的提高。这样的要求落实在课堂上的实质就是要在课堂教学中实施个性化的教学，也就是要以学生的个性化为基本依据，运用恰当的教学手段、方法、策略进行的一种教学模式，使每个学生都能够找到适合自己发展的领域。因此，教师在教学过程中，设定教学目标要具有差异性，使课堂上的每个学生都能够得到不同的发展。

（一）目标策略：以分层施教为目的满足学生差异性需求

1. 正确认识学生差异是实施个性化教学的前提

学生之间的差异性是普遍存在的，由于学生的生活环境不同，导致每个学生的生活经验不同，对待事物的思维模式不同，接受新鲜事物的程度也不同。因此，在教学过程中，教师不能用一把标准的尺子衡量所有的学生，更不能相信通过一段时间的学习能够将这种差异性弥补，否则，现代的教学又回到了传统教学模式了。例如，一名合格的厨师做出的菜品要符合顾客的口味、喜好，是厨师去适应顾客，而不是顾客要适应厨师。同样的道理，教师要为学生服务，要教师的"教"适应学生的"学"。

2. 制订具有不同层次的教育的教学目标，以满足学生的差异性需求

教学目标是教学活动的中心，同时是教学活动的出发点以及最终所要达到的效果，指引着教学活动的发展进程，并且具有一定的激励作用，可以为教学评价提供一定的参考信息。教师要根据教学的总体目标和学生间的差异性，从综合的角度出发，制订适合课堂学习以及学生学习的、多元性的教学模式和具体的可执行的子目标。这样可以使不同层面上的学生都能够在课堂有限的时间内获得知识或技能的提升。

（二）教学策略：以对话为基础构建师生学习的共同体

对话实质上就是一种以沟通或交流的方式为基础的人与人之间的动态的行为。在现代，对话已经成为人们所追求的一种生活状态，同时是人们达到一定目的所采取的有效的方式之一。对于教学来说，其实质就是教师与学生以知识为话题进行交流的过程。在教学过程中，师生通过交流互动实现彼此之间的倾听和言说，彼此之间敞开心扉，走进彼此的精神世界，在对话中完成精神的交流和信息的分享，从而达成共识、共享和共同进退。在人与人之间交往的过程中，完成了自我的升华和超越，提升了自己的人格和生命意义，构建起学习的共同体。因此，我们可以这样认为，这种以对话为基础的课堂教学模式是对传统知识灌输教学模式的一种改革，它将掀起课堂教学改革的新浪潮。所谓的对话教学，其实质是看是否在课堂教学中体现出对话的精神和内涵，而不是看是否采用了对话的形式。对话是教师与学生心灵间的沟通，是精神上的碰撞，这也是新课程改革所要追求的根本的目标。

第二节　教学资源的合理运用

一、改变教学观念，充分应用远程教育资源

（一）远程教育设备的应用可以优化教学手段，可以提高课堂教学的效果

现代化的远程教育为学校的课堂教学配备了卫星地面接收系统，从而使教师的教学方法与教学手段不断地改变和优化，该系统可以将接收到的视频、动画、图片等资源进行有机的整合，使一些不容易理解和不直观的知识变得更加容易理解和更直观，使学生学习的困难点得到有效突破。多年的教学实践经验证明，现代化的远程资源不仅能够改变教师的教学手段、教学模式，还能使抽象的知识更加具体，使学生将知识点掌握得更加牢固，使课堂的教学效果更加良好。

（二）远程教育资源的使用能够最大限度提高学生的兴趣

大量的研究结果表明，学生学习的兴趣是学习有效的动力，激发学生的兴趣，使学生成为课堂教学的主人是提高课堂教学效率的有效途径。只有学生对课堂学习的知识信息产生足够的兴趣，他们自身才能克服重重困难将知识转化成自身的技能，去解决生活中遇到的问题，并且乐在其中。远程教育的有效实施，可以将学习的知识点进行直观化的体现，以课件的形式直接刺激学生的多种感官，使原本枯燥、死板的学习过程变得充满活力。远程教学的实施还将学生置身于适当的场景中，让学生去感受知识的存在，感受抽象概念的理解过程，从而极大地提高学生学习知识的兴趣。

（三）远程教学资源的使用能够有效培养学生的思维能力

情境的创设是学生思维能力培养的重要环节，也是有效提高学生思维能力

的基础。适当的**情境**能够使学生多动脑、多观察事物发生的过程，会引起学生思维的展开和**想象的延伸**。远程教育的辅助教学能够使学生在影像以及声音的特点中培养学生**的思维能力**。在课堂教学中将多媒体技术融入知识的讲授中，有利于学生主动参与意识的养成以及形象思维能力的拓展。

二、提高自身的应用能力，充分利用网络资源

目前，所有**的学校**都已经安装了新媒体教学系统，可以利用的教学资源可以说是相当丰富，**但是要将**新媒体教学资源有效地与课堂教学相结合，充分发挥新媒体系统教学**的优势**，教师还需要克服一定的困难，如教师对新媒体系统的操作水平还需要**进**一步提高。教师对新媒体系统的操作水平整体偏低，主要表现在几个方面：一是很多教师对新媒体的操作程序不够了解，二是对教学资源的查找与应用**还无法熟练地操作**，三是部分教师还不会使用网络技术教学。因此，为了能够**充分发**挥新媒体技术在教学中的作用，教师首先应该学习计算机以及电脑操作系统、各类软件的使用方法；了解并且能够熟练使用网络上的资源信息以及进行**资源整**合后能够在课堂教学中完美呈现；设计多元化的教学方式将新媒体技术有机地融合到课堂教学中。

三、注意合理运用新媒体教学，充分发挥资源效能

（一）要注意新媒体教学资源的实效性

现阶段的教师虽然能够在课堂教学的过程中使用新媒体的资源进行一定程度上的教学，但是对于新媒体的使用还存在不足，这也导致部分教师在教学过程中没有以教学**目标**为中心，只是凸显了形式，并未注重课堂教学的本质，只是为了使用而使用，或者是将新媒体教学的模式当成了课堂教学的装饰品，相当于在传统教学**的课堂**上简单地加入新媒体教学，仅是将其当作课堂教学的工具，并没有理解**新媒体**教学的实质意义，没有切入新媒体教学的内在，这样的课堂教学无法**体现**学生的主导地位，学生的主体性更加无法体现，致使课堂学习效率不高。因**此**，一方面，教师在利用新媒体技术进行教学时要充分认识新媒体技术的实质，要钻研教材，钻研教学方式；另一方面，教师要充分理解使用新媒体技术教学的目的和所要达到的效果，要让新媒体充分发挥作用。

（二）要合理选择资源

新媒体教学与课堂教学的融合发展为教师提供了非常丰富的教学资源，如教学示例、新媒体资源、活动探究过程、课后习题精选、知识拓展资源等，同时具有很强的示范性。教师在准备课堂教学之前要充分地熟悉所有的教学资源，要充分理解教学资源在课堂中的使用价值。

第三节 形成新型的师生角色和关系

一、教师角色的多重性与学生角色的单一性

（一）传统教育中教师的角色

角色是指在特定社会关系中的身份以及由此而规定的行为规范和行为模式总和。自古以来，人们对学问的获得无一例外都离不开教师的教诲。《吕氏春秋》中也列举了黄帝、尧、舜等古代圣贤治理国家的例子，来说明教师在改造人、培养人方面所起的重大作用。所以在传统教育中，教师的角色就是传道、授业、解惑。

虽然说游泳教练未必一定是游泳冠军，但在中国的思想文化中，传道的教师则一定要求是"道"的践行者和示范者。韩愈之前的王通曾提出"度德而师"，也就是选择教师要考察他的道德水平。

事实上，历代选择教师都要求德才兼备。在漫长的教育实践中，教师的这种道德示范用今天的话说就是"为人师表"。它要求教师不但以言立教，而且要以身立教，以自身高尚的人格与行为影响和感召学生的心灵世界，鼓励学生合乎道德的行为，把学生培养成为有德之人。

由于长期以来教师道德示范的要求，导致教师在社会角色中形成一种迂腐、刻板的形象，所以我们看到在艺术表现中，教师的正面形象或者是仙风道骨，不食人间烟火，或者是忧国忧民的苦行僧。所谓师道尊严，在很大程度上也就是这种社会期待长期塑造的教师角色的外在表现。

授业的要求则决定了教师的知识占有者角色。无论社会对教师的道德要求有多高，也无论教师本身的道德修养有多深厚，如果他不能有效地对学生授

业，就不能成为真正意义上的教师。

"师"在古代还有一个含义就是指掌握专门知识或精通某种技艺的人。教师的职责，往大处说是传承人类的文明成果，往小处说是向下一代传授知识，既不存在教学方法的研究，也不需要对知识再生产。衡量一个教师水平高低的标准，就是看他掌握知识的多少。在民间，至今还流传着不少嘲弄学问浅薄的教师的故事，如《白字先生》等。

总而言之，具备良好的道德示范，又有渊博的知识的教师，对于传统教学而言就是一名好教师。

（二）理想课堂中的教师角色

作为教育思想与教育现实的纽带，任何教育理念、教育原则、教育内容都必须通过教师才能得以实践和实现。因此，教师对课程的理解和参与是推进课程改革的前提，教师的具体实践决定着课程实施的最终走向。课程标准关注的是学生学习的过程和方法，及伴随这一过程而产生的积极情感、体验和正确的价值观。因此，教师在使用课程标准的过程中，主要关注的应是如何利用学科所特有的优势去促进每一名学生的健康发展。学科教育的本位不在学科，而在教育。这就要求教师必须重新认识自己的角色，准确定位。由过去的知识传授者转化为学生发展的促进者，由过去的教学过程的管理者转化为学生学习的引导者、组织者。整个课堂教学过程应是师生共同开发课程、丰富课程的过程，教师由过去的"居高临下"型的"主角"转向师生"平等中的首席"，这是一种新型的平等、理解、双向的互动式师生关系。

需要特别指出的是：教师由知识传授者角色转化为学生发展的促进者，并不意味着教师知识传授者的角色应被淘汰。教师的知识传授者角色不该也不能被淘汰，只是与以往有所不同，即它不再是教师唯一的角色，教师成为学生学习的合作者、指导者和促进者。教师在课堂教学中的关键和灵魂作用，是不能替代的。理想课堂里的课堂教学不是对教师的忽视，而是对教师的素质和能力提出了更高的要求。

1. 意义建构的促进者

现代教育观的一个重大成就，就是重新发现了"学生"，认识到了兴趣、经验和探究精神对于学生发展的意义。现代的语文教育，正在走向主体性教育。"学生"不再纯粹是一个教学中的旁听者，而成为一个参与者和主体，教师要承担起学生学习过程中的发动者、组织者和管理者的角色，成为学生学习的促进者。教师和学生之间要建立一种新的关系，从"独奏者"的角色过渡到"伴奏者"的角色，从此不再主要是传授知识，而是帮助学生去发现、组织和管理知识，引导他们，而非塑造他们。无论是对文本的理解还是对语言的训练乃至对道德行为的认知与评价，教师的作用都不再仅仅局限于清楚明晰的讲解或呈现，更主要的是在于激发学生的兴趣，促使学生将当前学习内容所反映的事物尽量和自己已经知道的事物相联系，通过创设符合教学内容要求的教学情景，提示新旧知识之间联系的线索，帮助学生建构所学知识的意义，并且在尽可能的条件下组织学生协作学习，开展讨论与交流，并对协作学习过程进行引导，使之朝着有利于意义建构的方向发展，从而让学生自己去发现规律、评价和纠正错误。这种促进作用，不仅有即时价值也有延时价值，在学生结束学校生活时，仍会保留这种学习能力，成为其伴随终身的一种习惯，一种对学习和人生的热爱。

2. 学生的导师

无论如何定位学生与教师的关系，获取知识永远是学生学习的一个主要内容。比如：在语文教育中，教师闻道在先，有许多的生活阅历和文学体验，对于在语文海洋里徜徉不久的学生来说，教师有着天然的知识优势，可以帮助青少年在较短的时间里掌握本土和其他民族的优秀文学成果，启迪其语言智慧，帮助他们树立对民族语言文化的热爱。无论语文教学如何改革，语文教师传道授业的使命并不会终结。只是在信息化时代，学生对知识的获取不再仅有教师或教材一个途径，更何况是以语言学习为主的语文学科。教师的讲授和对教材本身的学习，仅是学生学习语言获取语感的一个小的方面。教师的角色不再是以传播者、讲师或组织良好的知识体系的呈现者为主，其主要职能已从"教"转变为"导"：引导、指导、诱导、辅导和教导。就如杜威所说，教师是一个引导者，他掌握着舵，让学生用力把船划向远方。

在大众传媒非常丰富的今天，课堂和课本已经不再是学生感受、理解、掌握语文的唯一途径，教师的作用在于更多地帮助学生在纷繁复杂的语言信息王国里识别意义和价值，发现真善美，寻找对学生发展有积极作用的文化成果，增长学生的文化见识，提升学生的文学品位和思想境界。

3. 课堂资源的开发者和建设者

在现代课程观中，课程不再等同于教材，而是教师、学生、内容和情境四种要素的整合。工具性与人文性受到同等重视，学校与社会同样构成语文学习的情境，互动和参与表征着语文学习的新观念。教育不再只是文本的教育，还添加进了丰富的精神和生活内涵，从而变得更加丰满和厚实。这种课程生态要求教师具有课程资源的开发习惯和能力，将师生的生活、经验、困惑、理解、智慧、情感、态度、价值观等丰富的素材纳入语文教学过程。改变传统课程体系的内容，重新确定基于一系列新的技能、技巧之上的课程体系及课程结构，重新组织课程的教学形式、教学策略，不断评价、完善新的课程体系，使语文教学活动真正成为师生共同建构知识和人生的过程。

4. 学习者

未来的社会是一个学习化和学习终身化的社会。教师职业的特点决定了教师必然是终身学习者。正如美国学者班纳所说："教师本身就必须是一个思想者，而不仅仅是一个碰巧干上了教师这个职业和具备教育技巧的教师匠，他们的大脑必须不断得到充电和滋养。"在文字信息如此密集和丰富的今天，语文教师的知识数量和质量面临着更多的挑战，他们必须在时刻关注和了解学生知识状况的同时不断更新和扩充自己的知识，改善和优化自己的知识和智慧结构。尤其是面对目前文学艺术作品和文化产品的爆炸式增长，面对文字语言的变化发展，面对"语文数字化"的走向，语文教师被要求有选择地接近和吸纳新鲜的营养，提炼和开拓自我的课程与教学资源，丰富和丰满自我的语文修养和文化见识，调整和完善自我的知识结构和职业技能，在实现职业价值的同时追求自我价值的实现。

5. 研究者

由于教育对象的固定性和教学内容的单一性，教师职业极易产生倦怠。苏霍姆林斯基说，教师要使自己的劳动带来乐趣，使天天上课不至于成为一种单调乏味的义务，那就应当走上教育科研这条幸福的道路。在新课程背景下，语文教师已经无法日复一日、年复一年地以机械重复的态度来教学生，必须以一种发展变化的态度研究自己的工作对象、工作内容，创造性地进行各种教育教学活动，不断反思自己的实践和经验，使自己的工作适应不断变化的教育和社会文化要求。而新技术的出现，使教师从繁重的教学工作中得到了一定程度的解放，也使教师有相对多的时间进行教育科研，又为教师工作带来了新的挑战和新的研究内容，包括教学中对新技术的运用，在新技术背景下，学生学习情况的变化等。

教师投身于教育研究，做一个教育研究者，既是提高自身专业化水平的必然途径，也是教师自身价值实现的重要方面。叶澜教授认为，以往对传递知识功能的强调，使人们忽视了教师工作的创造性特征。教师的研究者角色主要体现在对自己的教育实践和周围发生的教育现象的反思，在反思中发现问题，探寻意义，对日常工作保持一份敏感和探究的习惯，从而不断改进自己的工作并形成理性认识。从这个意义上说，教师进行教育科研是其作为专业人员，保证和提升自己生活质量的一种方式，这种研究能力的发展不仅有助于教师综合地、创造性地解决教育实际问题，使教育工作更富魅力，而且会使教师在工作中更自觉地关注和培养学生的创造意识和创造能力，这无疑是我们当前的教育最缺少而又最急需的东西。

（三）学生的角色

相比于教师角色由传统到现代的变化，学生的角色则相对简单得多。可以说，在没有专门教师的时候专门的学生就产生了，这些学生主要是从年长者那里学习生产经验、劳动技能和社会生活常识的人，只是那时还没有学校，更没有特殊意义的课堂，他们主要是通过生产劳动和社会生活实践来进行，教育手段只是通过语言，口耳相传，观察模仿。正式的学校产生以后，接受教育的人之所以只能局限于王公贵族子弟，也只是因为代表王公贵族的统治阶级垄断了主流社会所需要的文化知识。所以学生进学校学习就是为了熟悉和掌握有关礼仪知识，学会交往。孔子之所以要设馆授徒，很大一个原因也是为了要传播他的礼乐思想，从而更好地维护西周的礼乐制度。

到了工业社会，教育的目的主要在于培养大规模的熟练工人，学生的角色更是知识和经验的学习者。

学生的这种学习者角色，即使在今天的信息社会也没有什么实质意义上的改变。学生，顾名思义即是学习的人，从本质上讲，学生是一种职业，所以学生就应该做学生该做的事情。学习作为学生的最根本任务，这就决定了学生必须积极主动地学习。从古至今，不断发生变化的只是学习内容的不同。而我们今天研究学生的角色，作为理想课堂中的学生，我们要考察的除了学习内容外，还包括本质上究竟是为谁学习以及以何种方式来进行学习。

学生究竟为谁学习，本质上应该是为了自己充分自由发展而学习。而学习的内容既有学科的限制又受时代的制约，这是不言而喻的。但在实际教学中，即使是同一本教材，同一个文本，不同的人也存在一个学什么弃什么的问题。而学习的方式则是决定学生实现学习目的的关键。

教师角色的不断变化以至于今天的多重角色，其实与学生角色相对单一之间存在着无法割断的逻辑联系。换句话说，教师的角色之所以会有这种变化和要求，根本上是为了使学生更好地学习，更成功地学习，做一名成功的学习者。

二、新型教学关系："教"学生"学"

教学活动是认识活动还是实践活动？

有许多的人说，教学活动是学生在教师的引导下进行的一个特殊的认识活动。说它特殊是因为它是一种间接的认识。教学活动中，学生面对的主要不是浑然未知的客观世界，并不是去探求未知的规律，相反，这个世界基本上是已知的。学生是通过教材来认识世界，或者说，学生是学习教材中组织好了的科学知识技能和规范，通过对教材内容的学习，进而认识世界。还因为教学认识的客体是独特的：它是已知的世界，主要是人类认识和改造客观世界所取得的成果；它是经过加工改造了的，人们对精神成果加以选择、组合，把那些基本的、有发展价值的内容以适合学生接受的方式呈现给学生。

三、变革传统的教学方式

在追求理想的课堂中，我们首先要做的是对传统教学方式的改造和再适应，包括以下几方面的内容：

（一）变单纯运用知识为用知识实践创新

学习的最终目的不仅仅是掌握知识本身，还应培养求异、求新的思维和敢疑、敢闯的精神。这也是评价一堂课的学习活动是否成功的关键。学生只有在运用知识实践创新的过程中才能产生质的变化，教学也才能实现培养学生创新精神和实践能力的目的。教师要敢于打破常规，运用一些具有挑战性的问题强化学生的创新意识，善于鼓励学生质疑书本，突发奇想，敢冒风险，勇于实践。

（二）变机械巩固知识为勇于自我表现

自我表现可以让学生免除机械记忆、重复练习之苦，一方面可以消化、深化知识，并内化成自身素质，另一方面可以凸显主体、张扬个性、加强合作，养成活泼自信的品格和团结协作的精神。自我表现要在"动"字上下功夫，不仅是身动，更要心动，不止一人动，而是人人动。动的方式有很多，如模拟表演、对抗、辩论、演讲、朗诵、趣味游戏等，但根本的是敢于发表意见，敢于质疑。动的目的是学，是成长。在"自动"中战胜自我，发展自我，在"他动"中发现不足，弥补不足

（三）变呆板的检查知识为生动的互相交流

让学生通过同学间、师生间生动活泼的交流，总结知识及学习方法，感受学习的酸甜苦辣，将所学的知识形成完整的体系，组建新的认知结构，增强实践创新能力。

新课程提出要改变课程实施过于强调接受学习、死记硬背、机械训练的现状，倡导学生主动参与、乐于探究、勤于动手，培养学生搜集和处理信息的能力、获取新知识的能力、分析和解决问题的能力以及交流与合作的能力。实施的焦点在于改造学生的学习方式。因此，我们必须努力促进学生学习方式的变革。

第四节　利用网络学习平台建设智慧课堂

一、高中信息技术教学中的不足

（一）高中信息技术学科学生掌握的水平存在差异

目前，受到高等院校选拔人才的要求以及企事业单位对专业人才的需求的影响，高中信息技术课程已经成为高中全面素质教育体系中的重要组成部分，信息技术也已经成为高中教育必需的课程。在高中信息技术教学过程中，由于学生的水平差异性比较明显，因此对教师怎样安排课堂教学的具体内容和教学目标提出了巨大的挑战。在传统信息课堂教学过程中，教师教学的内容及教学的难易程度是以学生的平均标准来制定的，这样的方式也导致了部分学生学不会，部分学生学不满的状况，严重影响了学生学习的兴趣和效率，从而浪费了宝贵的课堂学习时间，影响了学生学习信息技术相关知识的自信心。

（二）社会建设对高中学生的信息技术水平的需求存在差异

由于当前社会经济发展进程的逐渐加快，大部分的企业也在逐渐加强自身的沟通能力，因此，企业对于具有专业技术的人才的需求，也从传统只注重专业技能转变为不仅要有扎实的技术而且要有较强的沟通能力的双重标准。这种社会要求的产生，导致了在现行的信息技术课堂教学中要融入基本知识技能的实践课程。传统的课堂教学已经无法满足当前社会这种具有针对性的课堂教学目标，千篇一律的课堂教学内容已经无法满足学生个性化发展的需求，无法形成具有差异化的教学效果，最终导致学生在就业后无法将现有的知识运用到实际的工作中，同时减少了学生在社会中的核心竞争能力，为人才的培养造成了不利的后果。

（三）传统教学课堂无法有效激发学生的学习兴趣

在传统信息技术教学的过程中，教师经常是以自己教授为主，很少与学生进行互动，学生对于教师教授的信息技术知识也是只能被动地接受。在这样的教学过程中，学生学习的主动性和积极性以及主观思维能力得不到良好的培养，导致大部分的学生在之后的学习中只能依靠教师的讲解。与此同时，在传统的信息技术教学课堂中，学生大部分时间都在记笔记，没有时间和精力去理解知识的具体含义，如信息程序编码的改变等，对一些概念性的知识只能依靠背诵进行记忆。这种学习方式无法将已经学到的知识与实际问题相结合，造成的一种普遍存在的现象：学生只是知道理论知识的背诵，但是并不会在实践的过程中加以利用，导致学生对知识的学习失去了兴趣。

二、基于网络平台的信息技术智慧教学环境的设计

（一）高中智慧课堂资源环境

在现代的高中智慧课堂教学的过程中，由于网络平台能够为教师教学提供丰富的资源，教师可以根据课堂的教学目标以及教学内容选择恰当的资源进行整合，并且根据学生实际的知识水平和个性化的需求有选择地将其运用到教学中。

对于网络平台内的教学资源，授课教师要根据学习的具体目标优化选择后进行课堂教学，在网络平台的资源设计中，教师可以根据学生的需求进行不同功能模块的设计。例如，教师可以根据学生的学习水平及新知识的接受程度进行专业信息资源的学习模块设计，使学生学习达到更高的效率；教师可以为不同学习水平的学生设计难易程度相当的微课教学；教师还可以在网络平台上进行在线问答，在线讲解，在线学习效果评价等。同时，网络平台还能够与学生的手机终端或电脑终端进行连接，打破时间和空间对学生学习的限制，达到随时随地都能够满足学生对学习资源的需求。

（二）高中智慧课堂人文环境

在高中信息智慧课堂教授信息技术的过程中，课堂的人文环境创设也具有十分重要的作用。在高中智慧课堂学习环境中，教师通过教学平台与学生实现在线沟通，可以为学生学习创建良好的通道，同时有利于教师了解学生

对知识的需求以及学习信息技术知识的状态和效果。在智慧课堂中，学生还可以与教师时时互动、互相鼓励、互相帮助，有利于形成良好的学习氛围，从而更加激发学生学习的兴趣和主动性。另外，高中智慧课堂人文环境的创设还能够为学生创建一个轻松、愉快、民主、公平、公正的学习条件，使学生感受到自己是课堂教学中的主体，从而更加努力学习知识，努力提高自身的素质。

三、高中信息技术课程智慧课堂教学设计

（一）高中信息技术课程分析

高中信息技术课程旨在通过学习该课程帮助学生掌握信息技术基础知识和技能，提高学生的信息素养和信息社会责任。

该课程包括信息技术基础、多媒体技术应用、网络技术应用、算法与程序设计、数据管理技术和人工智能初步几个模块，其中信息技术基础为必修模块，其他为选修模块，学生在修满必修课程学分后，可根据兴趣爱好、个人特点、职业倾向等选择选修课程，满足学生的个性化发展需要。本文主要针对的是多媒体技术应用的教学。

目前，高中信息技术课程传统教学模式存在着一些问题：首先，由于学生缺乏课前的预习，课上学习时未能明确自己的学习重难点和学习目的，致使学习积极性不高；其次，课堂教学反馈方式单一，仅依赖学生的作业，使教师无法全方面评价学生的学习效果；最后，学生在课后缺乏巩固练习，学习效果较差。针对传统教学中出现的这些问题，本文通过对智慧课堂的大量研究，对高中信息技术课程智慧课堂进行教学设计与实践，希望改善传统教学中出现的这些问题。

（二）高中信息技术课程智慧课堂可行性分析

高中信息技术课程是要求学生掌握信息技术知识并学会运用信息技术工具解决问题的一门课程，该课程为学生以后更好地适应信息社会打下基础。同时，高中信息技术课程是培养在校学生创新能力和实践能力的有效途径。然而，在传统教学模式下，高中信息技术课程的教学通常是教师演示、学生操作练习，这种传统教学模式既难以培养学生对信息技术课程的

兴趣，又难以培养学生的信息技术应用能力。因此，转变教学观念和教学方法成为关键。

智慧课堂是**以建构**主义学习理论为依据，以智慧教育理念为基础，将新一代的信息技术融入**课堂**内的教学活动、课堂外的延展教学，为课前、课中、课后创建了一个**智能的**教学环境，为学生提供了一个动态的、智能的、开放的、个性的学习环境。**智慧课堂**体现了学生的主体地位，为高中信息技术课程传统教学模式实现**教学改革**提供了新的研究方向。

并且随着互**联**网技术的发展和教育信息化的推动，国内许多企业和高校研发了有关智慧课堂**的智能设备服务**，为高中信息技术课程智慧课堂的开展提供了较成熟的硬件、**软件**设备以及技术支持，并且智慧课堂已在北京、上海、南京、合肥等城市**的中小学推广应用**，这为智慧课堂应用于高中信息技术课程教学提供了参考和借鉴。

（三）高中信息技术课程智慧课堂的实施基础

高中信息技术**课程智慧课堂教学是在信息化教学环境下进行的**，这种信息化教学环境是由云平台、微云服务器和端云应用工具等构成的。基于这种信息化的教学环境，高中信息技术课程智慧课堂教学充分利用其提供的云端诊断分析系统、电子书包系统和即时反馈系统等，为学生创建了智能、开放、信息化的学习环境，**下面将分别详细介绍高中信息技术课程智慧课堂运用的三个主要系统：**

1. 云端诊断分析系统

此系统使高中信息技术课程教学的预习环节得以实现，并为教师在一个学期教学开始前对学生的信息技术水平、已掌握的信息技术知识、本学期的学习期望有所了解，**根据**学生的情况制订教学计划，这改变了传统高中信息技术课程教学中教师根据**教材**和以往经验进行备课的情况。此外，教师可以利用云端诊断分析系统对学生**进行课堂检测和课后检测，实现了高中信息技术课程检测方式的多样化，**例如，在开展"Word文档编辑插入艺术字"时，教师不仅可以通过学生提交的**作业**了解学生的学习情况，还可以通过课堂即时检测进一步了解学生的学习情况。教师通过云端诊断分析的报告对学生本节学习内容、一个学习阶段掌握的高中信息技术课程知识情况进行诊断，并根据反馈的结果做出相应的调整。云端诊断分析系统在高中信息技术课程智慧课堂中是不可缺少的服务系统。

2. 电子书包系统

在高中信息技术课程智慧课堂教学中，教师、学生、家长分别通过设置各自的账号，登录账号后在平台进行课前和课后讨论交流，不仅为教师和学生提供了便捷的、高效的沟通交流方式，也使高中信息技术课程的教学实现了对学生的学习追踪。由于高中信息技术课程与生活紧密联系且实践性较强，教师和学生、学生和学生之间的交流显得尤为重要，高中信息技术课程智慧课堂通过电子书包系统很好地解决了这一问题。此外，高中信息技术课程本就是有关信息技术应用的学科，教师通过电子书包系统发送学习任务、发布作业、查看学生的完成情况，这种教学方式不仅更加信息化，而且学生接收学习任务、线上进行学习并完成作业的学习方式还可以加深学生对信息技术的理解，提高对高中信息技术课程的求知欲。在日常生活中有大量的有关信息技术课程的学习资源，教师将这些学习资源发送到平台并自动保存在电子书包系统里，学生可以根据自己的需要快速进行课前的预习和课后的巩固，使高中信息技术课程课前预习环节和课后巩固环节进行得更加高效。

3. 即时反馈系统

即时反馈系统可以帮助教师在教学过程中获得即时的教学效果反馈，在高中信息技术课程智慧课堂教学过程中其主要用于课堂的教学活动中。在传统高中信息技术课程的课堂教学中，教师只能在课堂结束后通过学生提交的作业对学生本节课的学习情况进行诊断，这种教学反馈方式单一且滞后，未能全方面对学生的学习情况进行准确的诊断。但在高中信息技术课程智慧课堂中，教师可以将编辑好的课堂检测题目上传到系统，课上根据需要实时对学生进行测试，实现了教师教学反馈即时化，学生也可以及时查缺补漏。即时反馈系统在高中信息技术课程智慧课堂教学活动中的应用使得教师和学生的互动增多，丰富了信息技术课程的课堂教学活动，改变了以往信息技术课程课堂教学沉闷的学习气氛，学生对信息技术课程的兴趣更高。同时，学生课后通过即时反馈系统可以随时随地对有关信息技术课程的知识进行讨论、交流和提问，教师实时查看学生的信息并解答学生的问题，使学习更加高效。

（四）高中信息技术课程智慧课堂教学模式的设计依据

本节内容通过对高中信息技术新课程标准分析、高中信息技术教材分析、学情分析、教学目标分析和教学过程分析，并结合智慧课堂的特点对高中信息技术课程智慧课堂教学模式进行了设计。

1. 高中信息技术课程新课标分析

新课标是一切教育活动开展的依据，教师在进行教学设计时，必须对新课标进行研究。2017年，教育部针对高中信息技术课程进行了进一步的修订，明确高中信息技术课程旨在提高学生的信息素养，增强信息社会责任，实现信息技术知识与技能、过程与方法、情感态度与价值观的统一，为学生创造机会体验信息技术。

《普通高中信息技术课程标准（2017年版）》发生了很大变化，将原来的必修内容重新修订，必修部分的内容更加强调学生的计算思维，强调运用信息技术中的知识解决生活中的问题，使学生清晰地认识到信息与人和社会的关系。由此可以看出，这些内容标准的实现需要建立良好的信息技术教学环境，为教师和学生提供完善的设备。

2. 高中信息技术教材分析

高中信息技术课程教材分为理论知识类型和操作类型，教师在进行教学设计时必须对教材进行专研，明确教材要求学生所掌握的内容，根据教材内容选择合适的智慧课堂教学模式，这是教学前非常重要的环节。首先，要明确教材的组成结构，宏观把握教材的整体和单元结构，了解课程的整体体系；其次，分析单元内容并进行设计；最后依据课程目标和单元目标，确定教学内容和教学方法。

高中信息技术教材一共有六个模块，具体包括：信息技术基础、多媒体技术应用、网络技术应用、算法与程序设计、数据管理技术和人工智能初步，其中信息技术基础为必修模块，也是基础模块，其他为选修模块。对高中信息技术教材的分析，有助于高中信息技术课程信息化教学的设计。

3. 学情分析

教学包括教师的教和学生的学，教学前了解学生对教师来说十分重要。信息技术课程的教学应当首先了解学生掌握的信息技术知识情况、所处的信息技术水平，这有助于教师选择相应的教学方法，因材施教；此外，还需分析学生的认知能力和接受能力，以及学生的兴趣和学习需求；最后，收集学生的生活经验，从学生的直接经验出发进行教学，这是高中信息技术课程教学必不可少的。

这里针对的是高一学生，这个阶段的学生面临的学习压力较小，有更充足的时间进行个性化学习。这一阶段的学生正处于身心发展的最佳期，对事物存在极大的好奇心，接受新鲜事物的能力较快，为高中信息技术课程智慧课堂教学模式的实施提供了可能。此外，这一阶段的学生也具备了一定的计算机基本操作能力和使用移动设备的能力，为高中信息技术课程智慧课堂教学模式提供了可能，但这一时期的学生，对计算机操作知识存在一定的差别，教师在教学设计时应该对症下药，有针对性教学。

4. 教学目标分析

教学目标是一切教学活动开展的出发点和归宿，对教学起着指导和评价的作用。高中信息技术课程的教学目标应该明确、合理、层次分明，让学生清楚地知道学习目的和学习任务，更好地完成上机任务。

这里是以畅言智慧课堂为平台进行信息技术课程智慧课堂教学设计，利用该平台推送学习任务、进行教学互动，在信息技术教学设计中分别从知识与技能、过程与方法、情感态度与价值观三个维度进行分析。

（1）知识与技能

知识与技能目标主要让学生知道信息技术的概念、处理和加工信息的工具以及特点，并根据需要选择合适的工具对信息进行处理。例如运用办公软件进行简单的文档处理、运用Photoshop编辑图像等。

（2）过程与方法

过程与方法目标要求学生在学习的过程中培养独自分析问题、解决问题的能力，通过亲自动手实践体会信息技术的作用和信息技术与生活的联系，养成在学习和生活中善于运用信息技术思维、信息技术方法解决问题的能力和习惯。

（3）情感态度与价值观

情感态度与价值观旨在提升学生的信息意识和信息责任感，感受信息技术带给生活的影响，形成健康的信息价值观。

5. 教学过程分析

教学过程是教学设计的核心部分，高中信息技术课程的教学过程应体现学生的主体地位，应使学生通过实践操作切实学会如何搜集信息、运用合适的信息技术方法编辑和处理信息，亲身体会到信息技术对其影响。在进行教学过程设计时应注意：教学结构合理，教学过程次序分明、有条不紊，教学环节紧凑，不同的教学任务变换时衔接自然。

（五）高中信息技术课程智慧课堂教学模式设计思路

在做智慧课堂教学模式设计时应结合建构主义学习理论、人本主义学习理论、多元智能学习理论提供的理论依据，注意发挥学生的主观能动性，结合高中信息技术课程的特点以及根据以上的设计依据，将智慧课堂教学模式基本流程分为课前、课中和课后三个阶段。

1. 课前阶段

教师首先对教学内容进行分析，明确教学的重难点和教学目标，根据教学内容整理预习材料，制作微视频、文本文档、学习任务单、预习检测题等，并通过智慧课堂平台推送给学生。学生接受预习任务后，积极主动地进行课前预习，并认真完成预习检测题，除此之外，学生还可以在智慧课堂平台上与教师和同学交流预习过程中的困惑和想法。这为课堂中的学习打下基础，也使学生的课堂学习更有针对性。教师依据智慧课堂平台收集的学生预习完成情况进行学情分析，更加详细了解学生现有的知识基础和学习能力，根据学生情况制订有针对性的教学计划，并对初始教案进行优化，使其更完善、更高效。

2. 课中阶段

课中阶段是整个教学的核心阶段，教师根据课前已完善的教学设计进行教学。在教学过程中改变传统的教师演示、学生练习的模式，改变学生被动学习，机械式的操作练习。教师引导学生主动探索知识、积极协作学习，注重学生的主体地位，使学生成为学习的主人，这也正是建构主义学习理论和人本主义学习理论对智慧课堂教学的理论指导。

首先，教师通过创设情境，吸引学生的好奇心，激发学生的兴趣，在情境中教师提出问题，引导学生进行思考，学生与教师和同学互相交流发表自己的看法，与此同时，教师深化问题引出学习任务，向学生布置学习任务指导学生进行探究学习和合作学习，培养学生独立探索的能力和解决问题的能力，通过小组合作加强学生的合作交流能力。学生通过探究合作之后，教师请学生进行演示、讲解其想法，此时，教师应对其进行点评，提高每位学生积极参与学习活动的热情。在学生自主探索学习后，教师对知识进行详细且深入的讲解、演示以及解决学生学习时出现的问题，使学生形成清晰、系统的知识体系。教师进行讲解之后可通过智慧课堂教师平台向学生发布随堂检测题，从而了解学生这一阶段的知识掌握情况，根据反馈情况及时调整教学计划。

3. 课后阶段

课后是提升巩固阶段，教师根据学生课堂表现情况通过平台发布多种多样的学习资源，学生根据自己的情况选择复习资源，掌握情况比较好的同学可以选择更有深度的学习资源进行深入的学习，掌握情况一般的学生也可以选择基础类型的学习资源，查缺补漏，加深理解。

第五节 大数据环境下高中信息技术智慧课堂的构建

一、大数据背景下高中信息技术智慧课堂教学模式探索

我们来看一下传统课堂与智慧课堂教学模式对比。

1. 传统课堂模式存在的问题

（1）课堂教学设计缺乏基础依据

传统课堂教学的教师，由于不清楚学生对课堂学习内容的了解程度，再加上班级的学生数量众多，教师无法确切地了解每个学生的学习特点以及对知识的需求程度。因此，在课堂教学设计的制订上只能根据教师现有的经验进行课堂知识重难点的把握，也导致了在课堂教学设计中缺乏设计的基础依据。同时，由于新教师的教学经验不足，只能够通过个人的主观理解或通过老教师的帮助进行学生情况的猜想，这种方式是没有科学依据并且是不合时宜的。

（2）学习评价和反馈信息滞后、片面

在传统课堂教学的过程中，教师只能够通过提问、检测和个别点评的方式或者通过课后作业的完成情况来判断学生掌握知识的程度，并且进行课堂学习效果的评价。这种方式是片面的，评价的结果只是抽取了一部分学生的学习情况，不能够代表全部的学生，同时是对个别问题的评价，并不是对整体问题的效果反馈。对于课后作业的完成情况，教师无法保证学生完成作业所用时间以及完成时的状态，造成课后作业信息反馈的严重滞后性。

（3）师生间的交流模式缺乏互动性

传统的课堂教学，教师采取的大多是灌输式的教学方式，在课堂教学中，教师处在教学的主导地位，往往在课堂上一直讲解到教学结束，而学生习惯了听、习惯了在课堂上做笔记，直至课堂教学结束收获的仅仅是满满的笔记，但是究竟有多少能够化为学生自己的知识，这是不确定的。在课堂教学中教师与学生的互动方式仅仅是教师提出问题和学生回答问题，这样的互动形式在一般情况下学生如果有疑问也不会当时提出的。

2. 智慧课堂教学模式

（1）及时的课堂效果评价及信息的反馈

智慧课堂存在的课堂评价体系及课后作业反馈效果信息能够及时地发送到教师的终端内或教学平台内，使其能够贯穿整个课堂教学的过程中。应用智慧课堂教学体系，在课程开始之前，教师能够及时地查看学生对课堂教学内容的预习情况、预习效果的反馈情况以及之前课后作业的完成信息反馈情况等。在课堂教学过程中，教师可以通过课堂内的检测情况，收集学生对知识的掌握情况和课堂学习的效果，方便教师及时调整教学进度和课堂教学内容设计。课堂教学结束之后，教师可以通过智慧课堂的系统及时查看学生作业的完成情况，并且对其进行评价分析和跟踪反馈，对学生课堂学习的效果进行反馈，这样通过智慧课堂的实施，教师与学生之间构建了实时、动态的学习评价及信息反馈系统。

（2）全面、立体的沟通和交流

在传统课堂教学过程中，教师与学生间的互动往往呈现的是教师问、学生答的简单的交流方式，这种方式具有很大的局限性，限制了以学生为主体的教学过程。而智慧课堂的融入，可以使教师与学生间的沟通变得更加灵活且全面，师生间可以借助智慧课堂的平台进行实时的交流沟通、互相帮助，使师生间的沟通更加具有灵活性和全面性。师生可以借助智慧课堂的网络平台进行不限时间、不限地点的交流和沟通，实现了信息的及时化和多元化。同时在智慧课堂平台内学生还可以以匿名的方式向教师请教问题，有助于师生之间的陌生感和畏惧感，有利于创造轻松、融洽的学习环境。

（3）多元化和智能化的信息推送资源

在传统的课堂教学过程中，教师教学的主要依据是教科书，再加上课外拓展知识。而在智慧课堂教学的过程中，教师将准备好的相关的资源或者网上平台的资源提供给学生，如教学微视频、教学电子文本、图片、音频、视频等，学生按照自己的学习特点与方式进行自由选择，在智慧课堂结束后教师根据学生的预习情况进行课中集中讲解。课程平台会根据学生所选择的预习资料给出相应的课后巩固习题，方便学生进行再次复习和对知识点的查缺补漏，有利于提高学生的学习效率。

二、信息技术智慧课堂教学模式建构

（一）构建信息技术智慧课堂必要性分析

1. 新课标要求

2018年，教育部正式公布和发表了《普通高中信息技术课程标准（2017年版）》，对信息技术课程性质与基本理念、学科核心素养与课程目标等六个方面进行规范，并创造性地提出了信息技术核心素养的概念。在实施建议部分明确提出科学技术的发展和应用是教学改革的助推器，能够促进教师教学方式和学生学习方式的变革，帮助学生享受更优质的教学服务。提出要借助大数据、人工智能、"互联网+"等信息技术学习，促进学习的拓展和深入。基于大数据学习分析技术的智慧课堂融合了多种教学方式，通过探究性学习和即时反馈互动学习为学生自主化和个性化的学习提供了技术支撑，有助于培养学生的核心素养。

2. 智慧课堂教学的优势分析

（1）提高学生学习兴趣

信息技术作为一门学科在高中教学的科目中是比较特殊的，学生需要具有较强的综合思维能力才能将其学好、学精。而在传统教学的课堂中，教师的教学方式往往采用讲授法，教师在前面讲，学生在下面听，师生之间几乎不存在交流的过程，同时，由于当时教学条件的限制，教师在课堂教学中只能够提供一些静态的图片、音频等材料作为辅助，这直接导致了课堂教学枯燥乏味、气氛沉闷，学生逐渐对课堂学习的知识失去了兴趣，学起来更加困难。而以"互联网+"为基础建立的智慧课堂则明显地改变了传统教学的方式，借助"互联网+"技术，通过信息化的教学手段，教师可以提高课堂的趣味性，同时能够增加师生之间的交流与互动，在提高了学生学习的积极性的同时提高了课堂教学的效率。

（2）突出了教学重难点

课堂上师生间的交流是教学的基础，也是完成教学目标的关键。通过信息化技术的支持，教师可以使课堂教学的过程更加形象化、教学方式更加多样化、知识讲解过程更加通俗化，这样也更方便学生多课堂教学重点和难点的学习。教师采取智慧课堂教学模式，在课堂教学开始之前可以通过微课程的模式将知识点进行提前的讲授，在微课的制作过程中教师将本次课程的重点和难点知识一一地进行梳理，使其更直观、更形象。这样不仅可以增加学生在课堂上与教师的互动时间，也可以进行学习过程信息的反馈，使教师有针对性地对学生不懂的知识进行教学设计和重难点讲解。

（3）培养学生探究能力

信息技术课堂教学的实质就是培养学生的探究能力，即学生的综合思维能力，同时学生综合思维能力的提高也是学习其他学科的基础。在传统的课堂教学中，教师较为重视的是学生的应试能力，学生在课堂上学到最多的就是如何考好试，做好题，学生的学习成绩成了唯一衡量学生学习效果的标准，从而忽视了对学生探究能力的培养。在信息技术智慧课堂的教学过程中，教师借助"互联网+"的技术手段可以更好地培养学生的自学能力以及思维能力和创造能力。在课堂教学中教师采用探究式的教学方法，通过学生的疑问引出课堂教学的内容，同时在知识的教授中融入生活中与之有关联的实例，使学生能够在知识联系实际中完成知识的学习。

（二）高中信息技术智慧课堂教学模式设计

随着时代的发展，"互联网+"信息技术和教育的融合也在不断加深。李黎（2017）认为智慧课堂的教学设计是由教师和学生共同组成的，包括课前、课中、课后三个环节。智慧课堂的教学模式是促进学生智慧发展与创新的模式，信息技术智慧课堂教学模式主要分为课前、课中、课后三个阶段，每个阶段都有详细的教学步骤（如图6-1）。

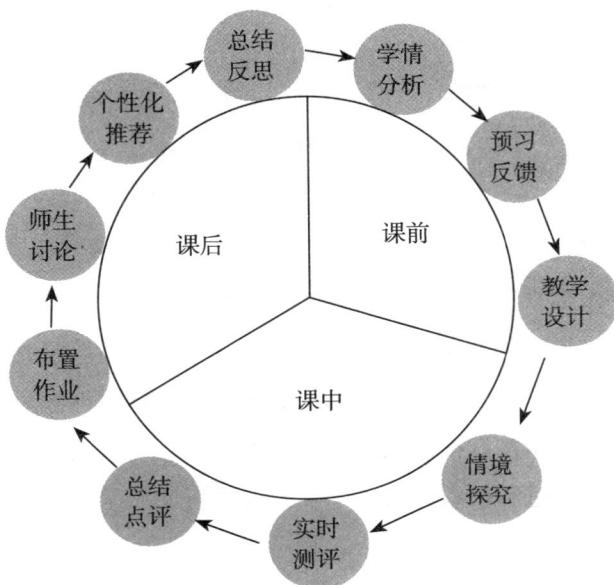

图6-1　智慧课堂教学模式（图片来源：高中信息技术教育教学探究）

1. 课前教学模式设计

教师在授课之前必须对学生进行学情分析，根据对不同学生的预测，进行优化教学，以学定教。教师可以收集学生以往的成绩和作业，掌握班级学生的基本情况，并在此基础上确定教学的目标和内容。课前阶段，教师在智慧课堂后台在线发布学习任务，以微视频、语音、图片、文档、试题等形式上传相关课程的预习资料。学生借助电脑、平板等移动端在线进行预习，并按要求完成预习试题。在这个过程中，教师可以实时监督学生的预习情况，学生如果产生疑问，可在线上与教师展开讨论。如果学生未按照进度进行预习，教师也可以实时收集反馈的信息。在此基础上，教师可收集学生的作业情况、疑难问题等信息，精准分析学情，进行教学设计。

2. 课中教学模式设计

课中阶段，注重培养学生的探究实践能力。教师是学生学习和发展的促进者与助推者，学生是课堂的主体。智慧课堂教学强调学生的主体地位，注重师生之间的互动与交流，充分调动学生学习的主动性，提升其学习的能力。在课堂教学中，教师根据课前预习反馈、课前讨论情况等数据，创设情境问题导入教学，学生以小组为单位进行讨论，每个小组成员都有具体的任务。在这个过程中，教师指导学生进行思考，师生之间进行互动交流。期间，教师重点讲解预习反馈中的问题，学生认真听讲，并及时做好笔记。教师在授课的过程中可以实时发布课中试题，并及时对学生答题情况进行分析，针对疑难问题进行深入讲解，对知识点进行总结提升并实时调整教学方式和进度。

3. 课后教学模式设计

课后阶段，教师在教学平台及时发布课后作业，及时提醒学生按要求完成作业，在学生完成提交的基础上，实时分析作业数据，检验课堂的教学效果。在对总体答题情况、个体学生成绩分析的基础上，有针对性地对个别学生展开辅导。同时根据每个学生课前的预习、课中的学习、课后的答题情况，个性化推送课后辅导资料，进行因材施教。学生及时进行课后复习，查缺补漏，提升成绩。针对学生学习中产生的疑问，教师可以鼓励学生积极在平台上向老师和同学进行提问，师生、生生之间进行在线沟通交流。在此基础上，教师对整体教学过程进行总结反思，并改进教学方案。

第六节　"互联网+"时代高中信息技术智慧课堂教学设计与应用

一、"互联网+"时代高中信息技术智慧课堂教学目标的构建与实施

在现实的生活中，人们根据不同的目的去从事不同的活动。在活动开始之前，人们都会对要从事的活动在脑海中进行假设和预判，而从某种意义上来说，这种事前的设想往往具有一定的指导作用。同样的道理，在课堂教学活动中，教学目的的设定是在教学活动开始之前已经完成的，这是一种对教学活动的提前构想和预期能够达到的效果的期望。智慧课堂教学的最终目标是能够培养学生智慧的生成，培养学生能够成为智慧型人才。

（一）总目标

学生智慧的成长主要是内隐的过程，需要长期的培养才能得以完善。人的智慧的成长从主客体的关系看，主要包括三个方面：一是理性智慧，即人作为主体对外部世界的认识及理解。二是时间智慧，即人作为主体对外部世界进行的改造。三是价值智慧，即人作为主体对外部世界与主体世界之间关系的理解和认识。智慧课堂教学与传统课堂教学的主要区别在于：智慧课堂教学的目的是引导学生能够由浅入深地学习，培养的是学生要学会学习，促进学生智慧的成长，其实质就是要培养学生创造能力的学习，从而实现对学生智慧的启迪，使学生的智慧得到全面的成长。智慧课堂的学习是学习多种智慧的综合场所。总而言之，智慧课堂是一个能够培养学生的全面学习能力，充满创造精神的积

极向上的课堂。

（二）具体目标

1. 教学目标

教学目标也可以成为学习目标，是学生开始学习的起点，也是学生课堂学习的终点。教学目标决定了课堂教学的方向，对学生的学习行为起引导作用。教师在进行课堂教学活动的设计以及课后学习效果的评价过程中都要以教学目标为关键点和基础。教学目标也同样具有其特殊的层级结构：如课程目标、单元教学目标、课时学习目标等。

2. 三维目标

智慧课堂教学目标的预设，要符合新课程改革中提出的三位一体的课程目标——三维目标，即知识与技能、过程与方法、情感态度与价值观。在进行智慧课堂教学目标的预设中，教师要充分利用智慧课堂的优势，根据每次课程内容的不同特点进行学习目标的具体创设，同时要将三维目标有机地融入学习目标的创设中。

二、"互联网+"时代高中信息技术智慧课堂教学活动的实施与应用

（一）课前预习反馈，实时数据呈现

在智慧课堂教学的过程中，教师要依据每次课堂具体的学习目标创设学生的课前预习活动，要充分结合学生的个性化需求、学生的学习特征等有针对性地进行预习内容的设计、预习资料的选择、课外拓展资源的提供等，教师设计完教学活动后可以通过移动终端设备进行相关内容的推送，使学生能够及时收到并进行课前预习。

（二）课中立体互动，师生持续沟通

在智慧课堂教学的过程中，传统课堂的教学方式主要包括三个方面，教师讲、学生听、课后作业。从中我们可以看出传统课堂几乎没有师生间真正的互动过程，以及学生在课堂学习的整个过程中时刻处于被动学习的状态。与此相比较，智慧课堂教学的关键就在于课上师生之间的互动过程，同时在教学过程中，智慧课堂强调学生的主体地位，教师只是充当引导者、促进者的角色。智

慧课堂的师生互动，不仅仅是课堂上的互动，还包括了课下师生之间在教学平台上借助互联网信息技术进行的多元的、高效的互动过程，是学生与教师之间立体互动、持续沟通的过程。这个过程是学生智慧培养的关键。

（三）课后个性辅导，兼顾学生差异

课堂教学结束后的课后作业的主要目的是帮助学生巩固本节课所学的内容以及复习上一章节的内容，选择的习题类型比较多样，如单选题、多选题、判断题、简答题、问答题、论述题、操作题等。教师在选择课后作业时要根据课程的教学目标以及课程内容的形式来决定课后作业的类型，例如操作题，教师可以选择让学生自己动手制作一些视频等，完成后可以通过在线平台传输给教师。另外学生之间也可以相互学习，然后教师对二者的学习效果进行评价。

传统课堂教学的课后阶段主要是统一给学生布置作业，在下次课上课之前交给老师，老师课后就进行批改，下次课进行讲解和相应的评价和信息反馈，这样信息反馈的时间过长，学生不能及时了解本次课知识的学习程度，而且同一题目的设置所解决的都是一些学生共性的问题，并不符合学生个性化发展的要求。同时，作业信息反馈之后所产生的问题会影响学生学习的积极性，影响学生的连续学习状态。而智慧课堂则很好地解决了类似的问题，通过智慧课堂的学习，教师可以通过线上的形式，根据学生不同的需求进行相关知识内容的推送，并且在课后发布一些具有针对性的课后作业。教师可以要求学生在一个固定的时间段内完成，然后上传给教师，教师进行评价，对于客观题教学平台的系统会进行批改，主观题教师进行批改，然后将答题的情况通过微视频等功能反馈给学生。这样针对学生个性化的辅导，使得学生的学习效率更高、结果更直观。学生同时可以对不明白的知识点与教师进行线上的交流，然后反思、巩固。

三、高中信息技术课程智慧课堂教学反思

通过教学实践可以发现，高中信息技术课程智慧课堂使信息技术课程教学实现了课前、课中、课后一体化，使信息技术课程教学过程更系统化，在智慧课堂教学模式下，学生根据课前预习的情况在课上结合自己的问题和兴趣有针对性的学习，提高了学习的效率，同时，在课中充分利用自主学习、协作学习

的时间亲自操作实践探索新知识的过程中，学生学会了发现问题和解决问题，学会了如何学习。智慧课堂教学模式弥补了高中信息技术课程传统教学的课前和课后的空缺，课上设置随堂检测题，增加了反馈方式，教师结合学生提交的作品和测试题结果全面分析学生的学习效果。综合各个方面来看，高中信息技术智慧课堂取得了一定成效，但是还存在很多的不足之处，总结如下：

（1）由于智慧课堂实施的时间不长，教师和学生对智慧课堂平台的操作还不是非常熟练，在教师教学和学生学习时仍出现一些问题。

（2）在教学中，教师主要使用互动功能和检测功能，对智慧课堂平台功能使用比较单一，尚未将智慧课堂平台的功能发挥到最大化。

（3）高中信息技术课程智慧课堂教学模式仍处于探索阶段，教学中运用智慧课堂平台的教学活动比较单一，可能影响了学生的高中信息技术智慧课堂教学模式的体验，教师仍需不断改善智慧课堂教学模式。

（4）高中信息技术课程在智慧课堂平台中的教学资源比较匮乏，资源库中的学习资料不够丰富，降低了学生学习的兴趣。

综上所述，目前的高中信息技术课程教学模式还不完善，首先，教师需要更深度地探究智慧课堂，改善智慧课堂教学模式中的问题，将智慧课堂与高中信息技术课程的教学更好地融合；其次，智慧课堂对师生提出了更高的要求，因此，要注意提高师生的综合能力，尤其是信息技术能力，使其能够熟练使用教学设备，发挥智慧课堂的最佳效果。

参考文献

［1］庄水管.社会主义核心价值观教育丛书——高中信息技术学科教育［M］. 北京：教育科学出版社，2016.

［2］刘维胜，李蕾.高中信息技术教育教学探究［J］.信息周刊，2019.

［3］金丰年，郑旭东.智慧课堂创新［M］.南京：南京大学出版社，2017.

［4］黎闻华.高中信息技术教学策略探讨［J］.信息与电脑（理论版），2016（19）：249-250.

［5］何国良，汪紫煌.基于新工科智慧课堂建设与教学模式探讨［J］.教育教学论坛，2020（32）：295-297.

［6］高亚玲，何茜，孙聪妮.智慧课堂在教学中的探索与研究——以《计算机应用基础》课程为例［J］.信息与电脑（理论版），2020，32（14）：218-220.

［7］曹颖.基于综合信息化平台的智慧课堂构建［J］.卫星电视与宽带多媒体，2020（6）：245-246.

［8］张鹏君.信息技术时代智慧课堂的实践逻辑与建构［J］.苏州大学学报（教育科学版），2020，8（1）：18-24.

［9］茹意.移动互联网下高校智慧课堂教学模式分析［J］.教育教学论坛，2020（12）：374-375.

［10］张志霞.基于智慧课堂互动教学移动互联网实验实训体系研究［J］.无线互联科技，2020，17（5）：75-76.

［11］梁蕊.基于智慧课堂的教学资源建设现状及对策研究［J］.管理观察，2020（6）：137-139.

［12］蔡宝来.智慧课堂的个性化教学设计：构架、模型及策略［J］.海南师范大学学报（社会科学版），2020，33（1）：82-88.

［13］李鑫，王丽军."互联网+"背景下中职学校智慧课堂教学模式构建

［J］.电脑知识与技术，2020.

［14］陈丽娟.信息技术与课堂教学深度融合实践探索［J］.教育革新，2020（1）：55.

［15］冯桂尔.基于大数据分析技术的网络学习空间在智慧课堂中的应用研究［J］.电脑知识与技术，2020.

［16］吴亚军.高职院校智慧课堂模式构建探析［J］.中国职业技术教育，2020（2）.

［17］赵梦阅，孙卫华.教育信息化2.0背景下的智慧课堂教学设计研究［J］.软件导刊·教育技术，2019，18（6）：16－18.

［18］孙晓东.浅谈高中信息技术课的有效教学策略［J］.中国教育技术装备，2015（21）：100－101.

［19］邵勇，张雷雨，方金强.教育信息化2.0背景下实施智慧课堂的策略与实践［J］.连云港职业技术学院学报，2020，33（2）：90－92.

［20］刘邦奇，李新义，袁婷婷，等.基于智慧课堂的学科教学模式创新与应用研究［J］.电化教育研究，2019（4）.

［21］赵加鑫.智慧课堂在高中信息技术教学中的实践与探索［J］.中国现代教育装备，2018（1）.

［22］王益华，周顺，柳升华，等.智慧课堂构建研究与区域实践探索［J］.中国教育信息化，2017（12）：78－81.

［23］冯榕榕."人工智能＋教育"背景下初中化学智慧课堂教学实践研究［D］.喀什：喀什大学，2020.

［24］熊章辉.基于智慧课堂的高中信息技术课程教学设计与实践［D］.安庆：安庆师范大学，2020.

［25］崔淑惠.高中信息技术智慧课堂教学模式构建与应用研究——以天津市第二十一中学为例［D］.天津：天津师范大学，2020.

［26］王春."互联网＋"思维指导下智慧课堂的教学分析与设计［D］.昆明：云南大学，2019.

［27］朱嫣洁.教育信息化背景下智慧课堂的教学效果研究［D］.上海：华东师范大学，2019.